浙江文化艺术发展基金资助项目

PROJECTS SUPPORTED BY ZHEJIANG CULTURE AND ARTS DEVELOPMENT FUND

浙江文化
基因丛书

吴越◎主编

玉苍之南

苍南文化基因

章鹏华等◎编著

杭州出版社

图书在版编目（CIP）数据

玉苍之南：苍南文化基因 / 章鹏华等编著.
杭州：杭州出版社，2025.1. -- （浙江文化基因丛书 / 吴越主编）. -- ISBN 978-7-5565-2681-9
Ⅰ. G127.554
中国国家版本馆CIP数据核字第20241AV299号

YUCANG ZHI NAN——CANGNAN WENHUA JIYIN

玉苍之南——苍南文化基因

章鹏华等　编著

策　　划	屈　皓
责任编辑	王妍丹
责任校对	陈铭杰
装帧设计	屈　皓　王立超　卢晓明
美术编辑	王立超
责任印务	王立超
出版发行	杭州出版社（杭州市西湖文化广场32号6楼）
	电话：0571-87997719　邮政编码：310014
	网址：www.hzcbs.com
排　　版	杭州立飞图文制作有限公司
印　　刷	天津画中画印刷有限公司
经　　销	新华书店
开　　本	710mm×1000mm　1/16
印　　张	18.25
拉　　页	1
字　　数	288千字
版 印 次	2025年1月第1版　2025年1月第1次印刷
书　　号	ISBN 978-7-5565-2681-9
定　　价	68.00元

"浙江文化基因丛书"编委会

吴　越　叶志良　贾晓东　陈　明　孙　琳

沈　军　葛建民　缪存烈　乐　波　赵柯艳

王　俊　陆　莹　林华弟　章鹏华　盛雄生

陈贤敏　胡宏波　周　洁　胡凌凌　王军伟

柳虹羽　屈　皓　庄文新

（排名不分先后）

《玉苍之南——苍南文化基因》编委会

主 任： 李传力

副主任： 陈钰刚　章鹏华

委 员： 武宇嫦　林尚凯　韩当权　杨介宕　李小椒

　　　　　朱　标

编 著： 章鹏华

参编人员： 武宇嫦　杨介宕　周功清　蔡　榆　朱建德

　　　　　　朱成腾　姚仁磊

"浙江文化基因丛书"序

习近平总书记指出:"支撑5000多年中华文明延绵至今的,是植根于中华民族血脉深处的文化基因。"[①]浙江是中华文明的重要发源地之一,文化底蕴深厚,文化名人辈出。一叶红船从嘉兴南湖驶出,在时代浪潮中驭势而行;沿"唐诗之路"踏歌而行,千古诗篇回响在山水之间;还有良渚文化、宋韵文化、上山文化、黄帝文化、南孔文化、和合文化、阳明文化、丝瓷茶文化、古越文化、吴越文化……这些文化基因,共同铸就了浙江的"根"和"魂"。

2024年3月6日,浙江省文化广电和旅游厅印发《浙江省文化基因激活工程实施方案(2024—2026年)》,这是继2020年浙江省文化和旅游厅印发的《浙江省"文化基因解码工程"实施方案(试行)》《浙江省"文化基因解码工程"工作导则》和2021年8月浙江省文化和旅游厅印发的《建设文化标识推进文旅融合行动计划(2021—2025年)(试行)》之后,为更好担负起新时代新的文化使命,深入贯彻省委十五届四次全会部署,在全省实施的又一项文化基因重大工程。

---

① 习近平:《携手建设更加美好的世界》(2017年12月1日),人民出版社,2017年,第3页。

文化基因解码工程,是文化基因激活工程的坚实基础。文化基因,顾名思义,是指从文化形态切入,厘清其历史渊源、发展脉络、基本走向,从物质、精神、制度要素,语言和象征符号等进行分析、解码所提取的关键知识内核。文化基因解码,围绕中华优秀传统文化、革命文化和社会主义先进文化,按照3个主类、20多个亚类、约100个基本类型分别归档,确保历史年代、地理位置、流布范围等数据均记录在册,挖掘、研究、阐释优质"文化基因",对全省文化资源进行全面梳理。这是一项集"查、解、评、用"于一体的综合性系统工程。全省开展90个县市区的文化基因解码任务,包括文化元素调查、文化基因解码评价、《文化基因解码报告》撰写、证据资料汇总保存建档等,并在此基础上建成"浙江文化基因库"。文化基因解码,起于"查",终于"用"。"查"就是铺开"一张网",广泛收集区域内的文化资源,作为"解"的对象。"解"重在找准四大要素,提取一组基因。四大要素是指物质要素(如原料、工具、环境等)、精神要素(如思想观念、群体性格等)、制度要素(如乡规民约、族规家规、礼节礼仪、表演技艺、创作技法等)、语言和象征符号(如方言、图形、标志、表情、动作、声音等)。通过对四大要素的分解梳理,遴选重点文化元素作为解码对象,从中提取出关键性的知识(技术)点。然后通过对选择的文化基因解码,从生命力、凝聚力、影响力、发展力四个维度进行质量评价。最终用基因塑造IP,以文旅IP开发作品、设计产品,以作品、产品点亮城市生活、赋能乡村振兴。浙江以文化基因为根、文旅融合IP为脉,打造了一条以城带乡、城乡互促的发展闭环,推动文化资源的"活化"利用,把解码成果与提高人民群众生活品质相结合，这就是"用"。以人文之美推动精神之富足，增强浙江高质量发展建设共同富裕示范区的文化自觉。

显然，文化基因是传承和创新的基石。文化基因作为一个社会文化系统的逻辑起点，是一个社会存在和进化、变革和发展的决定力量。文化基因解码就是要把社会文化系统中所表现出来的文化形态、思维方式、行动模式、礼仪符号、风俗习惯等加以还原，揭示其本初原因和底层逻辑。改革开放四十余年来，浙江出现了令人瞩目的"浙江现象"，表现为快速的经济增长、蓬勃的发展活力、和谐的社会环境、显著的民生绩效。"浙江现象"源于浙江精神和浙江的文化基因。正确界定、充分挖掘浙江文化的内涵价值，解码浙江的文化基因，对于构建起有效支撑文化建设和旅游发展的"四梁八柱"，推动文化建设和旅游发展各项指标持续名列全国前茅，着力建设新时代文化高地、中国最佳旅游目的地、全国文化和旅游融合发展样板地具有重要而深远的意义。

如何寻找突破口？各地在选"码"、解"码"、用"码"的整个闭环中，成立解码专项小组，构建"乡土专家+高校资源+系统人才"三方协作机制，高效推进解码工程。首批编辑出版的"浙江文化基因丛书"中汇集的富阳、南浔、南湖、绍兴、瑞安、平阳、苍南、普陀、岱山、嵊泗、定海、临海、南孔圣地、开化、常山、金华（经开区）、遂昌、云和、景宁、宁波江北等地的研究成果，正是在归纳总结、科学分析浙江文化基因的基础上，探索文化基因解码的方法和路径，同时从人类学、社会学的角度，运用现象学原理，在哲学层面进行解构、剖析，既有理论深度，又能方便应用。丛书勾勒出各地推进文化基因解码工程的概貌。成果本身的内容、方法、转化等，对各地都有很强的示范作用和借鉴意义。

可以说，"浙江文化基因丛书"中的成果，以浙江文化高质量发展为目标，以融合发展为重点，紧扣激活优秀文化基因，以文化基因的挖掘利用赋能文化事业和文旅产业发展，为我省文旅发展再上新台阶、为文化浙江建设贡献了力量。

叶志良
2024年秋于杭州

目　录

前　言	001
矾山矾矿工业遗址	003
碗窑青花瓷	025
金乡卫	041
苍南夹缬	057
浙江南大门	073
王均瑶	087
苍南方言	105
桥墩月饼	119
苍南道教与长生文化	131
苍南平水王	145
苍南南拳	157
苍南妈祖信仰	169
苍南畲族习俗	181
苍南单档布袋戏	195
苍南翠龙茶	209
苏渊雷	223
苍南渔鼓	237

矾山肉燕 249
金乡徽章制作 261

"浙江文化基因丛书"后记 276

A 中华优秀传统文化

苍南文化基因解码元素表

亚类	基本类型	元素
AA 传统文学	AAA 诗	碗窑古诗 碗窑蓬鼓诗
	AAB 文	碗窑传说故事（《斩龙窟》《□洲佛等阁》《古枫神话》《旧□
	AAC 词	（清）泰顺举人周桂兰："鱼□问津。"
	AAD 曲	—
	AAE 小说	
	AAF 其他	"清水珠"传说、"高皇歌"□瓠王歌》）与"祖图""妈祖□《京城卖盐》故事、苍南卖技□高机与吴三春传说、金乡话童□林灵真相关风物和传说、蛮话□软锤号歌、挑矾诗、碗窑"讲□月传说、周凯射潮传说
AB 传统音乐	ABA 歌	《挑矾歌》、畲族民歌
	ABB 乐	苍南全真派道教音乐、碗窑吹□科仪音乐
	ABC 器	渔鼓
	ABD 号子	—
AC 传统舞蹈	ACA 自娱舞蹈	—
	ACB 祭祀舞蹈	桐山跳
	ACC 表演舞蹈	苍南马灯舞
AD 传统美术	ADA 书法	—
	ADB 绘画	点色剪纸、木偶头脸谱彩绘技□
	ADC 雕塑	苍南古建筑木雕、苍南米塑
AE 传统技艺	AEA 雕刻技艺	布袋戏戏偶、矾塑、夹缬雕版□
	AEB 营造技艺	"塘""河"组合的御潮技术□碗窑倒焰窑、碗窑古碓坊、碗窑□碗窑水碓、碗窑水碓子遗存、□
	AEC 编织技艺	蒲城竹编技艺、畲族彩带技艺□
	AED 烹制技艺	"打肉燕"、"林淑盛"、"肉□卤制品、苍南炊虾技艺、苍南□碇步头手磨豆腐、矾山拌面、□站煎包、蒲城油糕、蒲坪白鹅□墩月饼制作技艺、酥皮与油皮□鱼饼
	AEE 酿造技艺	同春甘露酱油酿造技艺、仙堂□
	AEF 塑造技艺	苍南九层糕制作技艺、苍南糖金□
	AEG 印染技艺	"百子被"（"大花被""夹□夹缬打靛技艺、夹缬印染工艺□
	AEH 锻造技艺	金乡夏益锦戏曲盔头制作技艺
	AEI 剪贴技艺	畲族剪纸
	AEJ 髹饰技艺	苍南钩绣
	AEK 烧制技艺	继光饼制作技艺、炼矾技艺、"□龙窑、碗窑青花瓷制作技艺
	AEL 腌制技艺	
	AEM 印刷技艺	苍南木活字印刷术
	AEN 晒制技艺	苍南翠龙茶、翠龙茶制作工艺□溪鱼干

亚类	基本类型	
AE 传统技艺	AEN 晒制技艺	苍南翠龙茶、溪鱼干
	AEO 捕捞技艺	网渔、槽筒
	AEP 刺绣技艺	畲族刺绣、
	AEQ 炒制技艺	茶叶炒制
	AER 采凿技艺	矾石摆件、
AF 传统医药	AFA 制药	畲族医药
	AFB 治疗	"长生久视
AG 传统戏剧	AGA 调	渔鼓调式—
	AGB 腔	"闹台"、
	AGC 剧	"彩楼"、库下采茶戏
AH 传统曲艺	AHA 鼓词	苍南鼓词、
	AHB 莲花落	
	AHC 摊簧	
	AHD 唱新闻	"唱新闻"
	AHE 走书	
	AHF 评话	
	AHG 评弹	
AI 传统民俗	AIA 香会	金乡九月半交流会)
	AIB 祭祀	《灵宝领教仪、东华派坑尾妈祖庙平水王信仰碗窑——三浙台(苍南
	AIC 习俗	苍南道教科编修习俗、帅信俗、妈碰瓷、蒲城蒲城民间故习俗、太平
	AID 节日	"三月三"
AJ 传统体育、游艺与杂技	AJA 竞技	
	AJB 武术	"拳礼"、状元"、苍攻柔拳术、势车棍棒法
	AJC 杂技	
	AJD 游艺	
AK 古遗址(迹)	AKA 古城、城墙	城门朱堡、城之东城楼士所城遗址
	AKB 古道、古桥	赤溪五洞桥窑十孔桥、游古桥梁—
	AKC 作坊、窑址	312矿硐、岭—鸡角岭碗窑瓷土矿
	AKD 水利遗址、古堰坝、湖、塘、古井	蒲城"无糟

前　言

苍南依山靠海，独特的地理人文环境孕育了苍南艰苦奋斗、励精图治、百折不挠、勇于开拓的地域文化基因和兼容并包、发展创新的社会人文理念。

苍南建县以来，励精图治，无论干部群众，都本着务实精神，立足现状，努力发展。苍南的经济、文化发展水平都取得了长足发展，这和苍南人文内核的务实精神和文化基因的原生动力息息相关。改革开放以来，苍南人更是勇做弄潮儿，充分发挥"千山万水、千辛万苦、千方百计、千言万语"的精神，勤劳勇毅，耕海牧渔，积淀下深厚的文化基因。苍南人用勤劳和汗水表达了对山海的赞美和祝福，创造了丰富灿烂的文化。苍南通过文化基因解码工程，持续推动文旅深度融合，让更多的人感受苍南文化，见证山海魅力。

苍南县在充分挖掘、整理本地丰富多彩的优秀传统文化、社会主义先进文化、红色革命文化以及非遗、文物、古籍等的基础上，深入研究苍南所蕴含的文化价值观和文化形态，在解析苍南文化的原动力的基础上，充分考虑了文旅融合应用的需求，力求洗练扼要、通俗易懂，便于苍南文化基因的传播和推广。苍南文化以其独特的人文基因和文化历史面貌正引起国内专家学者的广泛研究兴趣，以期通过对苍南文化基因的田野调查和研究来更好地理解中华文明，为中华文明的伟大复兴寻径探源。透过解析全县多点、散点分布的各类文化基因和文化价值观、文化形态、文化载体，通过系统研究，条分缕析苍南文化基因独特的文化原动力。

苍南文化基因的研究成果，着眼苍南文旅融合发展。目前已经完成各类文化元素调查入库，对苍南文化元素的产生年代、地理位置、基本类型、保护情况、稀有程度、载体形式、实体规模、基因保存情况描述等信息做了较为全面的整理。今后将持续推动相关文化基因的转化利用，助力城乡共富，讲好苍南故事，为新时期苍南文化实现科学高效发展厘清路径，弘扬优秀传统文化、社会主义先进文化和红色革命文化，为苍南的文旅事业发展作贡献。

章鹏华

二〇二三年十二月

矾山矾矿工业遗址

玉苍之南　苍南文化基因

矾山矾矿工业遗址

福德湾矾矿工厂遗存

  矾山镇地处浙江苍南西南，群山环抱，东高西低，呈葫芦形盆地。清代曾名赤垟，后因"以山多矾石故"而称矾山。矾山因矾得名，因矿成镇。1.9亿年前地质构造运动所形成的独特地质结构，使当地明矾石储量、品味、质量均居世界之首。现已探明的明矾矿藏储量为2.4亿吨，占全国的70%，世界的60%，其矿藏主要分布于今苍南矾山镇和南宋镇境内。自明初开始开采，迄今已有600余年历史。清乾隆时期，矾矿开采炼制进入发展期，至清末民初有较大的发展。1956年实行国有化，成立平阳矾矿，成为现代矿业企业。作为一家采炼联合的化学矿山企业，平阳矾矿主要生产钾明矾、铵明矾、明矾石综合利用系列产品。1998年，更名为"温州矾矿"。随着化学材料工业的进步，明矾逐渐被人工合成材料取代。2019年，矾山停止明矾生产，2020年4月，温州矾矿划转改制，2020年7月，成立温州矾矿文旅集团，负责此后温州矾矿的转化开发。

矾山明矾采炼自古持续至今，脉络清晰，其矾矿工业遗址由采矿遗址、炼矾遗址、附属遗址和传统民居等历史遗存组成。矾山采炼明矾开创于宋末元初，明洪武八年（1375）始有文献记载，至清中期规模扩大，光绪年间成为世界最大矾矿，持续至今。两次世界大战期间，因欧洲国家忙于战争与战后恢复，矾山明矾出口大增，一度主导国际市场，后又经历数次兴衰。在此变迁中，矾山镇不仅见证了我国矿山企业从古代、近代到现代的发展演变历程和从农业文明到工业文明、从计划经济向市场经济的艰难转型，同时也记录了我国工矿业技术与组织形式的变迁；尤其是20世纪50年代建立的集采炼于一体的综合型国有化工企业温州矾矿，完整地保留了许多采矿、炼矿遗址和矿硐系统，其矾矿基本生产工艺至今仍沿袭传统，呈现了矿山技术从发端到成熟的全过程，堪称古代明矾采炼工业的活化石。随着后工业时代的社会推进，作为前工业时代的明矾采矿、炼矿、人群聚集工业小镇，矾山矾矿遗存将越来越具有不可替代的社会历史文化价值。

矾山矾矿遗存于2005年3月被列为浙江省第五批省级文物保护单位，2019年10月被列为第八批全国重点文物保护单位；遗址所在地的福德湾村于2012年12月被列为首批中国传统村落，2014年2月被列为第六批中国历史文化名村，2016年9月获得联合国教科文组织亚太地区文化遗产保护荣誉奖。因此，矾山享有"世界矾都"美誉。

一、文化元素分解

（一）物质要素

1. "宝石堆满半山腰"的地质条件

苍南县矾山镇四面环山，东高西低，呈东西走向的葫芦形盆地地形，是 1.9 亿年前中国东部最强烈的地质构造运动——燕山旋回后期火山喷发的产物。此次地质运动留下的火山岩以流纹质火山碎屑岩和酸性熔岩为主，之后含二氧化硅成分较多的酸性岩浆继续活动，形成分布广泛的各种火山岩体和侵入体。火山爆发让该地形成了比较特殊的地质结构，造就了明矾矿石储量丰富、"宝石堆满半山腰"的矾山。

自民国起，经过近十次大规模考察勘探，浙江地质部门已证实苍南县矾山明矾石矿是世界上已探明的最大明矾矿床，储量达 2.4 亿吨，约占中国的 80%，世界的 60%；矿石平均含矾量高达 35% 以上，其中含纯明矾石 45.4% 至 47.71% 的富矿占 50% 以上。矾山由此被称为"中国矾都"。清末以来，此地的明矾矿石无论储量、产量、销量和出口量，均居世界第一，被世人誉为"世界矾都"。

2. "山水相连惠六地"的挑矾古道

明朝初年至明建文末年，由于用原始方法生产，明矾产量很低，又因矾山地处盆地之中，山路崎岖，交通不便，作为家庭副业，农民把生产出来的明矾装在"捎马袋"中挎在肩上，到周边农村集镇上零售，用于治病和净水，是为挑矾传统的雏形。明永乐年间（1403—1424），温州等地已将明矾用于纺织染色业，促进了矾山明矾业的发展，使之初具规模。自从乾隆九年（1744）起，明矾开始大规模开采，逐渐形成了"矾山—赤溪""矾山—前岐""矾山—沿浦"和"矾山—藻溪"四条挑矾古道，挑矾工这一全新的职业也应运而生，他们将大量明矾经这些古道运往周边区域，对当地的经济社会发展产生了巨大影响。

其中藻溪、赤溪、沿浦和前岐分别位于矾山的东南西北四个方向，与矾山相距四五十里。"矾山—赤溪"挑矾古道形成于明代，是矾山第一条挑矾道。清康熙元年（1662），赤溪南行建立码头和矾馆，大批明矾从矾山运往赤溪外销，"矾山—赤溪"挑矾古道繁荣一时。"矾山—前岐"挑矾古道开通于清康熙九年（1670），目的是补偿矾山明矾采炼给前岐造成的污染损失，前岐还从中抽头以补偿农业损失。前岐镇属福建福鼎，与矾山山水相连，又与沙埕海港相通，利于明矾外运。"矾山—沿浦"挑矾古道全长40里，由乱石铺设，因多为下坡故历时最短，4小时即可到达沿浦矾馆，在此经水路运到福州、温州等地销售。"矾山—藻溪"挑矾古道是矾山明矾重要外运通道，全程约40里。民国中期，因赤溪和前岐海路不靖，矾山明矾外运全部由此通过，规模至1953年达到鼎盛。以上四个挑矾古道的终点集镇均因明矾运输在此中转而繁荣一时，连同前岐港外的沙埕港和沿浦港外的霞关港也因明矾运输而受惠。1955年，矾山共设有26个矾馆，主要集中在藻溪、前岐、赤溪三个集镇，负责各矾窑的明矾销售。从1957年4月起，矾山明矾改用公路运至鳌江，经海路运往上海、宁波、福州、泉州等地销售，挑矾古道从此废弃，但古道上几百年来的文化和自然遗产已成为苍南旅游发展的新亮点。

3. 穿越历史时空的矿硐遗址

矾矿遗址位于浙江省苍南县矾山镇福德湾村鸡笼山，由采矿遗址、炼矾遗址、附属遗址和传统民居等组成，占地面积21.39公顷，当地人俗称为"一车间"。矾山世代矿工的繁衍生息与辛勤劳作不仅造就了独特的风土人情与民俗文化，长年累月的明矾开采还在矾山镇的山上、地下形成了上万个矿硐巷道，其中不仅有明代的雪花窟和炉井街等历史遗迹，还有312平硐采矿区等一批近现代文物单位，这种规模宏大、镇矿交融的工程已成为深入人心的矾山印象。

矾矿遗址属于近现代工业遗产，是浙江省工业遗产的代表，也是浙江省为数不多的工业遗产类国家级重点文物保护单位，保存了传统工矿业时代和现代工业的遗存，其所蕴含的社会生活、宗教信仰、传统风俗等内容是研究区域社会经济发展、人文价值传统和文化传统的重要史料。矾矿遗址还获得了国家矿山公园、中国工业遗产等荣誉。

（二）精神要素

1."积极豁达、诚恳团结"的生活态度

矾山尽管矾矿丰富，但采炼艰辛，且负运艰难，尤其是早年安全措施较差，矾山矿难多发，遇到塌方事故时，矿下工人即使当时未被压身亡，后期也很难从塌方的洞中逃生，因而工人在矿洞中采矿时心理压力极大，早上下井采矿不知晚上能否平安回家。于是人们往往通过寄托神灵的方式祈求平安，一同在矿硐中团结协作，出矿后也常聚众豪饮，不分熟人生人，都轮流相敬，通宵达旦。这种历经数百年的矾业劳作与朝不保夕的生活状态，使得矾山矿工形成了"积极豁达、诚恳团结"的独特生活态度与精神品质。他们不仅在生产劳动时诚恳协作，在面对困苦同胞时慷慨豁达，也在与窑主和侵略者的抗争中团结一心，培养出一批宣传革命真理、搜集情报、义务募捐、投身民族解放事业的革命义士。

2."百折不挠、勇于竞争"的创业精神

自明代开矿以来，矾山人通过挑矾古道将明矾运往周边各大中转集镇，在给周边地区带去繁荣的同时，也使自身陷入了商业发展的困境，经历了数次兴衰。从清乾隆九年（1744）开办明矾工厂起，明矾的运输和销售开始操纵在宁波商人手中。宁波商人以雄厚的财力投资入股矾窑，同时经营明矾运销，矾山当地明矾窑主资金匮乏，难应付运输、税收等大笔开销，明矾产品不得不就地低价卖给宁波商

人,由其运到温州、宁波转手倒卖。为摆脱甬商垄断,自清光绪三十四年(1908)起,矾山商人自辟销路,直接运矾到上海、香港等地销售。民国五年(1916),矾山巨贾朱慎思(又名朱修己)、平阳商人姜会明等人合资组办"振华公司",金乡官商殷汝骊、钱库商人林赞卿等人又集资创立"东瓯明矾实业公司"。他们既开设矾厂生产明矾,又设矾馆经销明矾,与甬商展开竞争,这也标志着本地商人自销明矾的兴起。然而这次胜利的"排外"竞争也导致了小工厂的倒闭,矾山矾业第一次衰落。在之后的历史发展中,矾山人不得不一次次面对因国际与国内形势发展而带来的新困境,也正是在一次次的试图摆脱困境中,矾山人积累经验,延续几百年的"百折不挠、勇于竞争"的创业精神也愈加凸显。

改革开放之后,明矾销售走向市场,产大于销,竞争激烈,平阳矾矿努力兼顾用户需求和行业动向,坚持产销结合,建立经营网络,稳住了明矾销量,还积极拓展海外市场,将产品出口到东南亚、中东、菲律宾、日本等国家和地区。除此之外,这种创业精神还推动了矾山矿山井巷业和矿山井巷机械业的发展。新中国建立后,大批矾山人投入到洞涵路桥建设,并外出积极参与到国家城乡人防工程建设之中。经过50多年的发展和积淀,矾山矿山井巷业目前正朝着规范化、规模化的方向前进,形成了一个实力强、从业人员多、专业涉及面广的庞大产业。目前的矾山矿山井巷业已成为苍南县的重要支柱产业,并进入全国乃至世界一流行列。与此同时,矾山还在矿山井巷机械产业中崭露头角,并培养了一批矿山井巷机械方面的专业人才。这些领域的成就都离不开矾山几百年矾业发展中所形成的开拓精神,它源源不断地滋养着矾山人,使其在各种转型冲击下永不气馁,也使其有足够的经验和勇气面对新一轮的产业转型。

3."心系民生、舍利取义"的环保理念

明矾素来有"清水珠"之名,无论是秦福意外发现其功效以助人清水或解暑的传说,还是平民得其法而作副业,矾山矾业的历史一直都蕴含着改善民生、净化环境、保民平安的观念。然而随着矾业的发展,明矾生产在繁荣经济、造福矾山、富裕百姓的同时,

也给矾山带来了环境污染的负面影响。这不仅严重危害了矾山溪流环境与福建省福鼎市前岐镇的农渔业生产，对森林资源也形成了严重破坏，还致使大批矿工患上矽肺。这种后果危及了当地人民的财产和生命安全，给浙闽两地带来了长期纠纷，也与利用明矾的美好初衷背道而驰。

一边是祖上传下的饭碗与可能的巨大经济效益，一边是国家治理污染的决心与家乡人民的生命健康，如何取舍是矾山面临的巨大考验。从1991年起，经过几轮整治和协调，矾山终于在1998年末关闭拆除了矾山矿区内所有小矾厂和炼矾点，进行退厂还田。全国最大矾矿——温州矾矿也被责令限期治理，尽管它是温州市重点扭亏扶困企业，仍以壮士断腕的气概痛下决心治理污染。在此之前，矾山的生态修复工作也已陆续展开。早年矾山明矾采炼对生态环境的破坏主要有两方面：一是对地表环境的破坏；二是对森林植被的破坏。矾山从明代开始已有栽种经济林木的传统，民国时期亦开展过造林运动，新中国成立后又经历过几次封山育林和播种造林活动。经过几十年连续植树造林，如今绿树已长满山野，较好地控制了水土流失，生态保护和修复工作成效显著。由此可见，矾山矾业生产管理已走上了节制有序的道路，而促使这种转变发生的则是矾业消极影响的现实以及逐渐深入人心的环保理念。从开发矾矿初期的"心系民生"到如今的"舍利取义"，矾山人终于选择了"改善民生、净化环境、保民平安"的初心，也将这种观念与符合时代发展的环保理念一体融贯。

（三）制度要素

1. 传统古老的炼矾技艺

矾山采矿业开创于宋末元初，通过生产过程中的不断实践，矿石开采方法由挖掘"黄土头"到火烧地垄法，再到火药爆破法乃至今日的炸药爆破法，这四种采矿方法按历史顺序可分为明、清和民国三个手工操作时期和1949年以后的机械化生产时期。挖掘"黄土头"是矾山自炼矾业开创时便使用的手工采矿方法，这种方法最为原始也最富有经验性，即在溪滩依照纹路和斑点寻找矿石并用铁锤敲开。火烧地垄法也叫火门（即火坞）法或"烧火龙"开采法，是火药还未应用于爆破前的矾山矿工用火攻石的一种采矿方法，其原理即是热胀冷缩。火药爆破法和炸药爆破法统称为凿眼爆破法。火药爆破法首先在民国十四年（1925）被引入矾山，并随着采矿经验逐渐丰富，逐步形成一整套"手工凿眼，火药爆破落矿"的采矿方法；炸药爆破法比火药爆破法威力更大，效率更高，新中国成立初期由矾山商会会长庄步法推广应用，其采矿方法与火药爆破法相同。

自宋元以来至20世纪50年代初，矾山明矾炼制技艺均沿用原始的"水浸法"炼矾技艺手工操作，早期有焙烧、溶解、结晶三道工序，这与《天工开物》所载的原始炼矾法类似，故被称为古代炼矾术"活的教科书"，被列为市级非物质文化遗产。

2. 繁杂规范的炼矾流程

新中国成立后，人们通过生产实践，不断总结经验，改进后的炼矾流程增至煅烧、浸出、风化、溶解、结晶五道工序，生产效率不断提高。1978年至1989年，"稀硫酸浸出法""压滤结晶法""补加硫酸铝法""压滤静止结晶法"等炼矾新工艺先后试验成功，改善了结晶条件，提高了回收率，缩短了结晶周期。与此同时，随着炼矾工艺的提升，明矾石的煅烧设备也相应地出现了不同种类，其中具有代表性的主要有趴龟灶炼矾技艺、窑仔炼矾技艺、馒头形倒焰窑土法生产和混料窑炼矾法等。

由此可见，无论是矾山明矾开采还是炼制工艺的改良，都是矾山劳动人民不断总结经验的成果，也是一个延续了数百年继承与发展的结果，这为我们考察和研究我国明矾采炼工艺演变提供了珍贵的样本。

3. "构图讲究、意境深远"的矾塑技艺

矾塑工艺俗称明矾塑形工艺，诞生于20世纪20年代的福德湾村，主要用于家庭装饰，80年代在矾山一度形成产业，90年代达到巅峰。矾塑工艺的起源有两种说法，一说是由炼矾工人朱炳仁始创于民国九年（1920），一说是为童工刘朝宝初创于民国十四年（1925）。其原理是将已做好造型的坯型放入结晶池内结晶，后又借鉴了当地彩扎工艺技法，以花木虫鱼、亭台楼阁、飞禽走兽等为题材，创造性地用缠扎了不同颜色纱线的铜丝塑造各种形象，再将塑形放入明矾结晶池结晶，使矾塑成为流光溢彩、别具韵味的艺术作品。一件矾塑作品从开始制作到最后成型要经过构思设计、绕线、定尺寸、定型和结晶等五道工序，要花费几天时间。其中的坯型技法还包括了折、扎、剪、梳等技巧。这些工序和技巧结合起来，造就了矾塑工艺品题材广泛、构图讲究、意境深远、工艺独特的艺术特色。

4. 具有矿山开采行业特点的信俗规范

矾山的明矾开采属采矿业，旧时受技术等条件限制，具有高危行业特点。长期的矿山开采劳动和"日起不晓得晚昏"的现实使得矿工将自己的生命安危寄托在神灵上，孕育了矾山具有矿山开采业特点的信俗规范。其中最具代表性的要数窑主爷信俗和矿山开采习俗。

相传窑主爷信俗源于秦福发现矾珠的传说。代表性的故事是《清水珠的传说》。相传南宋末年，四川难民秦福逃难到矾山一带，在山洞休息时，意外发现矾珠可澄清浊水、清热解暑，由此致富一方，秦福便被矾山人认为是发现明矾矿藏的祖师爷。尽管当地还流传另一个陈景成发现矾珠的故事，其情节与秦福版本大体相同，但绝大多数人都认为秦福为矾山明矾祖师爷，将其尊奉为"明宝爷"或"窑主爷"，故在矾山镇上港建起"明宝爷庙"。随着矾窑发展，又于清乾隆二年（1737）福德湾村鸡笼山北坡中段南山坪建矾山石宫（又称"窑石庙"），用以纪念窑主爷；同治年间（1862—1874）于石宫建"窑主爷官"，塑"明宝爷"像，矿工和矿主每年皆来此烧香祭祀，祈求采矿平安，信俗活动有一定规模。1991年，矾山镇委镇政府决定举办纪念炼矾始祖的"矾山明矾节"，并依旧时矿工祭祀"窑主爷"的习俗，将其定于农历九月初六秦福诞辰之日，在传统庙会的基础上发展出迎神祭祀、文艺演出、物资交流、民间游行等信俗规范，形成了矾山特有的明矾节习俗。如今，矾山窑主爷信仰及明矾节已成为矾山地域文化的重要组成部分和矾山人民精神生活的重要内容。

相较于窑主爷信俗，矿山开采习俗往往更具特色，同时也视开采工程量的大小在民俗活动的内容上有所变化。在新开矿洞时，业主们往往要到庙上请求神灵保佑，并许下做三天至五天大醮的愿望。新开断面也是一项具有危险性的活动，如果是比较小型的开采，人们会去庙上许个"小心愿"，等完工后杀猪祭祀还愿。有的工头还会在"打石场"建座一两尺高的小庙，早晚烧香，以求平安，完工后还要举行酬神仪式。掘地挖石的开采方式较简单，采矿者一般不许愿，信奉祖师爷者最多也只是初一、十五到石官烧一炷香。除此之外，工人在采矿时也有很多忌讳，例如：早上一般不说不吉利的话；平时行走时不能从晒衣裤的竹竿下走过，女人晒裤子用的竹竿连影子也不能碰；每月初一、十五谨防鸟粪落到身上；挑石头或者挑明矾的扁担不能横放在路上，特别是不能让靠在门边的扁担滑倒到门槛下，还要谨防女人跨过扁担。如果不小心碰到这些情况，工人或贫穷人家的破解办法是烧两个鸡蛋来吃，复杂一点则到官庙上烧香，老板或富贵人家则会请道教师公做简单的法事。

（四）语言与象征符号要素
1. 承载挑矾文化的民间歌谣

1957年矾山通公路前，矾山所产明矾全靠世代挑矾工肩挑步行运出，几百年来形成了以《挑矾歌》为代表的独特路文化遗产。《挑矾歌》用闽南语演唱，是挑矾劳工按照行走路线将地名串联起来创作的，民间有多种版本流传，其歌词结构体现了传承变化的特征，但无论哪种版本，都描写了挑矾路途迢迢和地理的险恶，并从头到尾抒发挑矾过程的劳苦和艰辛。此外，《挑矾歌》还被渔鼓和布袋戏艺人改编为唱词插段，用于在矾山一带表演，因而在民间广泛流传。如今挑矾古道虽几近荒废，但它在人们记忆和民间文学文献资料中的积淀，已成为当地人民的精神财富。

2018年10月，苍南当地退休干部张传君和矿工后人宋小取、魏斌三人以闽南话的矾矿歌为灵感，创作出了当代流行歌曲《矾客情》，歌曲描绘了挑矾古道的地理人文，忆念挑矾工人的艰辛生活，饱含真情，缝合记忆，用当地方言闽南话演唱，旋律流畅，节奏明快，朗朗上口，故事丰满，乡味浓郁，情真绕梁。《矾客情》生动描述了挑矾古道挑矾工真实的劳动生活，歌咏的是老一辈矾山人和藻溪人艰辛奋斗的人生经历，有很强的本土文化气息和艺术魅力，艺术地展现了世所罕见的"世界矾都"矿山非物质文化遗产，在当地传唱广泛。

2. 象征创新历史的矾窑形制

明矾石煅烧设备为煅烧炉，是炼制明矾的重要设备，当地人或叫灶，或叫煨石炉，但多数叫窑，炼矾厂因此得名矾窑。矾窑在不同时期依炼制工艺而形制各异。早期矾窑建筑很简单，一座高大的草寮作为煅烧炉房，其中砌形似乌龟趴在地上的石灶，故名趴龟灶，用于煅烧明矾石。另有适合于小本经营的一种小窑，名为窑仔，利用大厂废弃矾渣中的砂核和小矿石来煅烧制取明矾。此外使用最为广泛的是馒头形倒焰窑，其使用时间长达百余年，直至1957年混料窑发明，方被废除。烟煤煅烧混料窑的成本下降，明矾回收率显著提高，改进后的明矾生产工艺增加了浸出工序，很快在矾山全面普及，成为能够代表矾山创造精神和进取精神的标志性符号，尤其是其独特的外形，具有极强的辨识度。

3. 见证矾业发展的行话俚语

在矾山矾业发展过程中，衍生出很多与该行业相关的行话俚语，涵盖了矿石开采、炼制、产品销售等各个方面。例如矿石：纹路理节俗称"兆"；微细的石缝中夹杂泥土的叫"土兆"；有积水的叫"水兆"；无任何杂物的叫"光兆"。又如开采：在矾山溪谷中采明矾矿石称挖"黄土头"；用火攻石的采矿方法称"烧火龙"；"火龙灶"砌在岩壁上的称"采大排"，砌在岩石底部的称"采趴龟"，砌在洞顶天板上的称"采天花"。再如炼制：第一、二次浸出液叫"头汁水"；第三次浸出液叫"二汁水"；第四次浸出液叫"三汁水"。还如产品：浊者

矾矿工厂煅烧炉烟囱遗存（福德湾） 　　312平硐地上地下图景（福德湾）

为"白矾";清者为"明矾",又叫"清水珠""辟邪珠"或"辟瘟珠"。结晶明矾还可细分为大明珠、吊珠、田片、矾脚、矾末五种。此外对于矾业生产和销售的整体形势称为"矾头势",民国时期的经营分配方法以"镬"数为标准(窑顶溶解池用的锅古文称镬,1日为1镬,月计30镬),租期则以"一水"至"三水"不定(以两次窑体破坏、停窑修理之间的时间为"一水",依窑主财力每水长至10年,短至1至2月)。这些行话俚语意义隐晦,自成体系,是构成矾山矾业文化的重要部分。

二、文化元素核心基因提取

因长达六百余年的明矾采炼与销售，矾山形成了"积极豁达""勇于竞争""舍利取义"的开拓精神与价值观念。矾山矿业群体因长期的矿山开采和"日起不晓得晚昏"的现实而形成"团结协作""慷慨乐观"的生活规范与人生态度。矾山矾矿至今仍保存着完整的矿山开采和明矾炼制技术。矾山人民因制矾和挑矾劳动形成了文化自觉，以及坚忍不拔的勇武创造和拼搏进取的精神。

三、文化元素核心基因评价

矾山矾矿工业遗址文化基因评价依据

评价项目	评价因子	评价依据（特点）	是否
生命力评价	文化基因存续的时间	自出现起延续至今，未曾明显中断	√
		自出现起延续至今，但多次衰微、中断后复兴	
		曾明显衰败，改革开放后开始复兴或历史溯源关键环节缺失，难以考证	
		文化形态主体已灭失，现存部分痕迹	
	文化基因的稳定性	在发展过程中保持相当稳定的状态	√
		在发展过程中存在明显的精神内涵、表现形式剧变	
凝聚力评价	文化基因的凝聚力及社会动员效果	曾广泛凝聚区域群体的力量，显著推动过社会经济文化的发展	√
		曾部分凝聚起区域群体力量，对社会经济文化的发展产生过影响	
		凝聚过力量，创造出实际的发展动能，但未见对社会经济文化发展产生显著改变	
		仅在历史文献或口耳相传中存在，未见实际介入社会经济发展	
影响力评价	辐射的范围	具有全国性、世界性的影响力	√
		具有长三角区域、浙江省影响力	
		具有市县、乡镇影响力	
	提炼的高度	已经被古代文人士大夫和当代学者提炼为精神符号和理念理论	
		单纯的样式、造型、工艺技术规范	√

续表

评价项目	评价因子	评价依据（特点）	是否
发展力评价	与当代精神追求和价值观念的契合	传统文化基因得到创造性转化、创新性发展；区域革命文化基因被完整继承、广泛弘扬；区域社会主义先进文化基因成为与浙江"三个地"相适应的文化高地	√
		部分转化、部分弘扬、部分发展	
		难以转化、难以弘扬、难以发展	
说明：基因特点评价是对解码出来的基因，根据本《导则》表2的要求，围绕"四个力"逐一对表打"√"，进行定性表述			

（一）生命力评价

矾山明矾采炼自明代有记载以来，即充分利用"宝石堆满半山腰"的地质条件，积极开拓山水相连的挑矾古道，将中华民族"吃苦耐劳"的传统美德融入"勇于竞争"的商业思想，发展出一整套既惠及周边六地，又具有世界性影响的采矾、制矾、售矾工商业体系。尽管矾山矾业在历史上经历了数次兴衰转变，但矾业工艺和矾业文化始终没有中断，形成了一条完整的发展脉络，不仅为考察和研究我国矾业发展提供了珍贵样本，还继续影响着矾山当地居民的生产生活。尤其是近代以来所形成的工业文化遗产，其所承载的开拓创新精神，与"心系民生"的采矾初心相结合，共同孕育出符合时代精神的"舍利取义"理念，为矾山的未来勾画出一幅可持续发展的美好图景。

从20世纪60年代开始，苍南人利用"开山队"的形式在全国各地矿山及路桥开矿修路，形成一支闻名全国的矿山开采队伍，并带动周边县市的农村劳力输出，并在改革开放后完成转型，成为中国主要的矿山开采承包商、路桥工程承包者。发展过程中，许多以矾山人为主体的富有资质的大型企业和集团纷纷崛起。今天的苍南县被誉为"中国井巷之乡"，这一称号的来源实际上就基于矾矿的开采和炼制技术与精神。苍南人的矿山井巷开采技术秉承传统矿山开采技术，历经一锤一钎，再到风钻钻探；从火烧水浇，到使用黑火药，再到当代的爆破技术，其中以矾矿开采技术为基础的冶炼、开采、爆破、隧道挖掘技术最为突出。可见，矾山矾矿矿洞开采技艺正是今天的矿山井巷开采技术所诞生的基因，这对于中国矿山井巷行业的发展具有重要意义。另外，矾山人身上宽厚耿直、坚忍不拔，又富有冒险、勇武开拓的矿山人精神，加上他们开山掘土的高超技能，以及温州商业文化的濡染，使得工与商得到完美的融合，也形成了走向远方的本领，于是传统采掘技艺与温商文化"走出去"的结合，形成了矿山井巷开采队伍，并在互相帮携、群而效仿中走南闯北，跨出国门，成为中国的"营造业强国"形象的实力担当。

（二）凝聚力评价

矾山矾业在历史发展中所形成的明矾开采、炼制和销售体系曾为矾山及周围地区带来过繁荣景象，同时也给矾山的商业发展和工人境遇带来过艰难困境，致使矾山形成了带有鲜明地域特征与阶级特征的凝聚力。这种力量先以"勇于竞争"的创业精神鼓励了矾山商人打破了甬商的垄断，再以"诚恳团结"的协作精神激励了矾矿工人联合起来反抗压迫与侵略，后以"舍利取义"的大局精神帮助矾山人民坚定治理污染的决心，在不同历史时期中推动了当地经济、社会和文化的发展，使矾山拥有强大的自觉与自信去面对当下产业转型的挑战。

（三）影响力评价

矾山因其明矾石的储量和质量享有"世界矾都"的美誉，其明矾采炼自明代起延续至今，发展脉络清晰，历史遗存丰富，工艺变迁完整，呈现了矿山技术从发端到成熟的全过程，堪称古代明矾采炼工业的活化石，具

经过灯光美化处理后的矿硐空间

有极高的研究与开发价值。2005年3月，矾山矾矿遗存被列为浙江省第五批省级文物保护单位，2019年10月成为第八批全国重点文物保护单位，遗址所在地的福德湾村于2012年12月被列为首批中国传统村落，2014年2月被列为第六批中国历史文化名村，2016年9月获得联合国教科文组织亚太地区文化遗产保护荣誉奖。对矾山矾矿遗存的史料整理已有序展开，对古村落的保护和开发已初见成效，对矿硐的开发利用规划也正在进行，这些学术与文创活动已受到大量关注。

（四）发展力评价

矾山矾业发展中所蕴含的"积极豁达"的生活态度、"诚恳团结"的人际关系、"百折不挠"的进取精神和"舍利取义"的价值取向等观念不仅符合富强、和谐、敬业、诚信、友善、文明等社会主义核心价值观，更有助于当地社会、经济、文化朝着绿色、繁荣、自信的方向发展。矾山明矾开采、炼制与运输所遗留的物质文化遗产与见证历史发展的民间歌谣、工艺与信仰规范等非物质文化遗产，不仅展现了矾山先民的勤劳、勇敢与创造力，更能在文化自信与创新勇气的鼓舞下，帮助矾山在未来顺利完成产业转型，发展出具有当地特色的文创产业。

四、文化元素核心基因保存

（一）实物保存

矾山矾业保留了大量的古代遗址与近代工业体系遗存。其中物质遗产的代表性元素主要包括五大类：100多处矿业遗址；300多幢温州矾矿的旧厂房、仓库、车间；大量的炼矾高炉、大礼堂、苏式办公楼等特色建筑；福德湾、水尾、宜矾等多个古村落，380多间传统古民居；炼矾古遗址，山上、地下的上万矿硐遗址以及312平硐采矿区等一批文物保护单位。

信仰系统方面，除有三座较大的佛教寺院之外，还有窑主爷宫、陈老爷宫、杨府宫、陈十四皇君宫、南山坪脚土地庙、马仙宫、白马爷宫、四亩坑宫、看牛大王宫、三官爷宫、冥关三王宫、四大王宫等宗教建筑。此外，还有四条挑矾古道上的凉亭、桥梁、庙宇、戏台等古建筑。

非物质文化遗产的代表性元素主要包括：挑矾歌谣、矾业民谣、矾业传说、明矾采炼工艺、矾塑工艺、明矾节、地方饮食、行话俚语、诗词戏曲等传统习俗和传统技艺。此外，矾山还保留了大量矾业相关史料文献，以及族谱、地契、碑铭等民间文献。

矾山矾矿遗址是浙江省工业遗产的代表，也是浙江省为数不多的工业遗产类国家级重点文物保护单位，保存了古代矿业和现代矿业工业的遗存，具有重要的社会历史文化意义和价值。

（二）文献及相关研究

曾聪：《工业文化遗产保护与民众社会记忆的互动逻辑——以浙江矾山镇为例》，《文教资料》2021年02期。

张耀辉：《"我为矾都做义工"》，《温州人》2019年17期。

罗成书：《世界矾都"复兴之路"的若干思考》，《浙江经济》2019年07期。

黄克进：《浅谈温州矾矿"申遗"和矿区探讨转型之路》，《财经界》2015年11期。

陈亦人：《浙江温州"矾都"早期的历史辩考》，《台州学院学报》2014年05期。

戴湘毅、阙维民：《浙江矾山矾矿的遗产价值与保护建议》，《矿业研究与开发》2013年02期。

张传君：《世界矾都》，浙江摄影出版社，2016年。

碗窑青花瓷

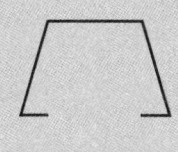

玉苍之南 苍南文化基因

碗窑青花瓷

碗窑古村俯瞰

　　碗窑古村坐落于苍南县玉苍山西南,玉龙湖溪流河谷北岸,负阴抱阳,背山面水,山木苍翠蓊郁,景致怡人。

　　明万历三年(1575),福建汀州府连城县制瓷人巫人老迁居于此,利用当地资源建窑制瓷,繁衍生息,后又有朱、余、江、夏等诸多姓氏在此安家立业,促使当地制瓷业蓬勃发展。至清中后期鼎盛之时,碗窑有龙窑18条、作坊数百间,窑火彻夜通明,商铺毗邻,商贾云集,戏鼓不息。碗窑制品以碗、盘、杯、盏、瓶、壶等青花瓷器闻名,文化沉淀浑厚,青花制式元素独特。民窑古朴，粗犷之烧造代代相传，名噪四方，产品远销江苏、上海、乍浦、台湾及东南亚地区。

数代人的辛勤开拓，数百年的工艺传承，为碗窑留下了丰厚的文化遗产。碗窑现有35栋、327间保存完好的浙南山地瓦厝文化古建筑群，以及龙窑（阶级窑）、圆窑、三官宫、古戏台等文保单位建筑，遗存完整的古工艺制瓷生产线，原生态的古村人文肌理，悠长的古韵文脉，被誉为"明清时期手工制瓷的活博物馆"。2013年2月，碗窑被列入"第一批中国传统村落"。同年，获"中国民族民间建筑魅力名村"称号。2014年3月，被列入"第六批中国历史文化名村"。2019年，上榜浙江省美丽乡村美育村。

一、文化元素分解

（一）物质要素

瓷，源于瓷土，融于水火，塑于人工，成于天意，精于匠心。从泥土到精美瓷器的过程，是"手造中国"之"天工开物"之传承。碗窑青花的特殊美感和瓷文化的形成与其独特的地理环境、瓷土材质、工艺等有着密不可分的联系。

1. 适宜的瓷土

就地取材，碗窑瓷土矿分布于村落周边的雷公克、竹仔贡、增瓯、横路、西垵阁等山地，以棋盘山西垵阁矿脉为最优，土质纯白，软硬适中，或单土，或简单搭配，便适宜拉胚做碗。开采方式原始，为手工挖掘。丰富的矿藏，低廉的成本，是支撑碗窑数百年传承的重要物质要素。

2. 充沛的水资源

碗窑地处玉苍山西麓，背山面溪，村西有始自玉苍山海拔八百余米的腾垟溪谷、碗窑三折瀑峡谷，东侧有棋盘山坑沟水流，常年水量充沛。先人自三折瀑峡谷凿渠八百米引流至村落，布设水网，围绕房前屋后、水碓工坊，形成满足生产、生活、消防等多功能水系，是生存的命脉。

3. 丰富的燃柴

玉苍山山脉丰富的森林资源，提供了烧制瓷器的燃柴，衍生出"柴行",满足了瓷器窑烧的"水、火、土"三大物质要素中的"火"。陶瓷工艺繁多,拉动了众多的行业,有"八业三十六行"之说,"柴行"便是其一。

4. 通衢的水路

碗窑村落背山面溪,莒溪流域穿村经横阳支江下达鳌江,溪面宽阔,适宜通过码头排运瓷器产品外销。通则达,碗窑产品远销江苏、乍浦、台湾、东南亚,有言传:乍浦海港七省通衢,碗窑窑坑南北闻名。

5. 烈火煅烧的古龙窑

陶瓷被称为"土与火"的艺术,窑炉是煅烧陶瓷器皿的关键所在。碗窑龙窑又称阶梯窑,始建于清康熙年间,由宋、元时期的分室龙窑发展而来。古村鼎盛之时共有龙窑18条,现尚存一条,形制保存完整。窑长40米,14柱13间12层级,每间宽2.5—4米不等,依山坡分层而筑,陶瓷原胚分级放置,以木柴为燃料,自下而上逐级煅烧,十分壮观。窑体为砖土筑就,由窑室、窑床、窑门、窑墙、测火孔、分室导流孔、烟囱等组成,窑房为木构瓦厝。碗窑古龙窑装量大、产量高、容易控制升降温速度,同时节省燃料,为碗窑陶瓷的规模化烧造提供必要条件。

6. 青花釉料及着色剂

青花艺术历史悠久,历经千年的变革,因其淡雅清秀、幽深稳重而独具魅力和风格。碗窑的青花瓷制作始于明万历年间,以民窑作坊为主,制作粗瓷粗陶及红釉制品,后于清康熙年间形成白瓷青花制品,因其廉价、实用而影响四方八土。碗窑青花以一两氧化钴配十五碗鹅斗中水白釉浆配比调成,俗称蓝墨,使用时视墨的成分纯度及着色度调整。

(二)精神要素

1. 安居立命的生存智慧

在明代,沿海地区屡遭倭寇侵袭,明嘉靖二十九年(1550),福建颁布"沿海通倭之禁",惠、潮商船不通,致使米价昂贵,民众生活愈加艰苦。万历三年(1575),福州、汀州、漳州等府发生地震,长汀县地裂成坑。灾害、饥荒、避乱等诸多因素促使闽南人外迁寻求安居立命之所。碗窑地处山岭之间,有利于躲避贼寇,安身避乱,同时碗窑先民利用优越的自然资源重操旧业,建窑制瓷,获取长足生存之源。

2. 手艺防身的价值观念

碗窑依山而筑，坡陡多岩石，交通闭塞，农耕资源匮乏。随着制瓷业的发展，人口逐渐增多，绝大部分从业者剥离为纯手工业者，当小手工业者读书科举兴业几无可能时，"手艺防身"便是一种生存本领。从小泥寮里打滚，耳濡目染的熏陶以及迫于生计的"穷人孩子早当家"，沿袭数百年的父教子传的传承，练就了碗窑儿女过硬的制瓷手艺。民谚有云："家有良田数顷，不如手艺一身。"又说："手艺在身，走遍天下。"还说："嫁女就嫁碗窑郎。"制瓷手艺始终是碗窑人的吃饭本钱，也是碗市滞销时走南闯北讨生存的资本和提亲婚娶的绿卡。

3. 技精于专的匠心品质

碗窑人家，拥有着一份手艺，更坚守着一份匠心精神，一代代碗窑人将精益求精、严谨专注的精神品质倾注于一瓷一碗的烧造，使得碗窑青花瓷艺不断创新完善，成为一定时期民窑青花的代表，造就了属于碗窑的地方符号。技精于专做于细，业成于勤守于挚。碗窑制瓷拉坯绘画一系列工序皆由自家完成，他们在自制的碗底标上标计，示明出处，押上名声，体现了碗窑人立足本职、诚朴敦厚的品质，彰显了碗窑人深厚的技艺自信。

4. 多元的信仰崇拜

古时瓷匠靠天吃饭，由于经常受到天灾、兽害、战乱、劫掠、火灾、疾病等的严重威胁，碗窑先民遂渴求神灵的庇佑，同时认为凡神灵皆能保佑家人、村庄。碗窑人祭拜行业神"窑公爹"，信仰三官大帝、五显大帝、劝善大师、杨府上圣和张佬公爷等众多神灵，融汇儒释道三教及民间信仰于一体，多元的信仰文化为筚路蓝缕开创基业的碗窑人带来强烈的精神慰藉，与碗窑手工技艺的发展有着密切关系。

5. "碗碟之中有江南"的非凡审美意趣

在中国传统陶瓷艺术中，青花以蓝白两色相映，干净素朴，同时又给人以明艳之感。几百年来，碗窑烧制出品的器物绝大部分都是青花瓷，也同样具有这样的特色。一些出色的作品，以简洁的图案展现自然山水，以碗、盘、碟与瓶为主，绘画与陶瓷呈现出完美的结合，古代中国的"天人合一"、动静相生、有无相映的非凡审美格调，与陶瓷艺术产生完美的结合，加上釉的温润之感，使人在欣赏青花瓷器的时候，能产生如见江南水乡美景的迷离和沉醉之感。当我们置身在碗窑的自然环境之中，看着"绿如蓝"的溪水，葱翠迷人的山林，蓊郁温润的山水在不同的天气条件下呈现出的不同美感，在这时，我们似乎才明白碗窑青花瓷器审美的本源。

（三）制度要素

明代宋应星在《天工开物》中说："……共计一坯工力，过手七十二，方克成器，其中微细节目尚不能尽也。"陶瓷工艺繁多，拉动了众多的行业，有"八业三十六行"之说。碗窑制瓷技艺作为民窑粗瓷的工艺，较官窑细瓷的制作而言虽简单粗朴，但渗透着民间的实践智慧，承载着瓷业窑工的生产和生活，是民窑文化发展的一个缩影。

1. 完整的传统手工制瓷技艺

碗窑传统的手工制瓷技艺从手工开采瓷土、挑土开始，经粉碎（碓泥）、淘漂、晒泥、拌土陈腐、拉坯成型、印坯、利坯、晒坯、绘花、施釉、刮脚、装窑、烧窑、出窑，至最终的开碗、验收，可主要归纳为十八道工序，其中还有釉料调配、匣钵制作等多道辅助工艺。每一道工序都体现了传统手工工艺的艺术价值，渗透着民间的实践智慧，承载着瓷业窑工的生产和生活。

2. "以师带徒、工匠传承"的师承制度

百工皆有师傅，碗窑制瓷业也不例外，徒弟拜师学艺，先要签订契约或支付押金，同时要遵守行规，如：学艺期间不能随意回家省亲；过年过节要向师傅送礼，同时承担师傅家中日常杂务；从师期间劳动收入全归师傅等规定。碗窑陶工从师没有定期，要等学徒所做碗坯被窑主认为合格，可以入窑，才算"满师"。师承制度对于碗窑制瓷技艺的传承与发展举足轻重，言传身教，通过漫长的时间积累与技艺磨练方能出师。

3. 多样化的行业习俗

"买扁担""看草鞋""买位置""定把桩""歇手""烧撞火窑""碰瓷""收烂产"，等等。在碗窑数百年的发展中，衍生出多样化的行业习俗，规范从业人员的行为方式，借以维护行业秩序的稳定，维系碗窑制瓷业的长久发展。

4. 规模化的商行与知名商号

清雍正年间，福建汀州连城巫氏兄弟返回松山蕉滩地，重拾先祖碗窑制瓷业，商号"巫元生"。后与闽籍同乡均山的沈氏、碇步的谢氏、温州东门的陈氏等八姓在松山三十七都（桥墩）下街建天妃官，以官两廊庑作为会址和栈房（仓库），成立汀州会馆，贩运茶叶、烟草、瓷器等货物。清雍正后的松山集市，瓷器贸易成为三大贸易之项脊，衍生出独具产业和地域特色的文化要素。自清朝中期形成规模化生产基地后，碗窑比较上规模的家族制碗业都各自有商号（瓷号），呈百家齐放之景象，推动碗窑瓷器烧造进入鼎盛时期。其中较具品牌文化的就有：朱氏德兴、巫氏元生、陈氏茂盛、余氏顺生、江氏永和。

（四）语言与象征符号

1. 丰富自由的青花纹饰

碗窑制瓷，在青花纹饰中结合了民间艺术元素，融入许多民众喜闻乐见的故事、神话传说，以及吉祥题材、水墨画、书法、门窗雕刻、漆画、窗花、剪纸等元素，如"莲年有余""五谷丰登""鲤鱼跃龙门""龙吐珠""金鸡报晓""双喜"等，构思巧妙别致，不受制约，具有浓郁的生活气息，充分体现了民窑青花之随性、洒脱。

2. 公正清廉的文化寓意

公正清廉，乃"士君子之大节"。清廉文化，是我国悠久的文化传统，一些精神高洁之士把清正廉洁视作为官之根本，以至于在古玩器物之上，经常有以清廉为主题的故事、元素，这些清廉器物，成为许多官僚的精神象征，指引着他们一直前行。碗窑青花基于这种文化的熏陶，一抹青花以素雅、淡然、粗犷而闻名，构筑自己独特的文化密码。

3. 鲜明的图腾符号

碗窑数百年的制瓷传承，独具风格，形成鲜明的图腾符号。最具"图腾"代表的非青花"凤斗"和"双鲤鱼盘"制式莫属。

"凤斗"据说为重明鸟。重明鸟也叫双睛鸟，样子像鸡，一个眼睛里长着两个瞳仁；它的气力很大，能够搏逐猛兽；它鸣起来，其声如凤，一切妖灾群恶都远远避去，不能为害，是一种灵鸟。因此，重明鸟所在的数百里之内，无鸱枭恶鸟。据说，民间人家偶有妖异或不祥之事，只要重明鸟一到，妖异也立刻潜踪；不祥之事，化为大吉。所以后人于每年元旦，或者刻木，或者铸金，或者绘画一只重明鸟的形状，放在窗牖之上，以取吉祥之意。因重明鸟模样类似鸡，以后就逐步改为画鸡或剪鸡纹样的窗花贴在门窗上。所以，中国古代特别重视鸡，称它为"五德之禽"。重明鸟的形象也正是碗窑的图腾。

"凤斗"亦鸡亦凤的绘饰偏抽象写意，融民俗信仰于青花制式。而"双鲤鱼盘"中的虾与鲤鱼绘饰最为写实。一切艺术源于细致入微的生活观察，其逼真灵动的风骨、近乎超脱的神韵、吉祥美好的寓意不言自明，成为碗窑青花最具代表的制式。

碗窑青瓷上的图腾重明鸟

二、文化元素核心基因提取

　　碗窑依山傍水，风景秀丽，自然资源丰富；古龙窑、古民居、古戏台等重点保护文物；碗窑人安居立命、锲而不舍、精于其业、厚土敬畏的传统品质；精于工善于艺，传统制瓷手工技艺的传承创新；在青花艺术上，器物形制兼具实用与审美，构思巧妙别致，绘工细腻，纹饰丰富自由、随性洒脱，格调清秀淡雅，图案内容和审美富有传统文化意涵和美妙趣味。

三、文化元素核心基因评价

碗窑青花瓷文化基因评价依据

评价项目	评价因子	评价依据（特点）	是否
生命力评价	文化基因存续的时间	自出现起延续至今，从做碗到做文化，文旅融合，弘扬存续	
		自出现起延续至今，但多次衰微、中断后复兴	
		曾明显衰败，改革开放后开始复兴或历史溯源关键环节缺失，难以考证	√
		文化形态主体已灭失，现存部分痕迹	
	文化基因的稳定性	在发展过程中保持相当稳定的状态	√
		在发展过程中存在明显的精神内涵、表现形式剧变	
凝聚力评价	文化基因的凝聚力及社会动员效果	曾广泛凝聚区域群体的力量，显著推动过社会经济文化的发展	√
		曾部分凝聚起区域群体力量，对社会经济文化的发展产生过影响	
		凝聚过力量，创造过实际的发展动能，但未见对社会经济文化发展产生显著改变	
		仅在历史文献或口耳相传中存在，未见实际介入社会经济发展	
影响力评价	辐射的范围	具有全国性、世界性的影响力	√
		具有长三角区域、浙江省影响力	
		具有市县、乡镇影响力	
	提炼的高度	已经被相关专家学者誉为"明清时期手工制瓷活的博物馆"	√
		单纯的样式、造型、工艺技术规范	

续表

评价项目	评价因子	评价依据（特点）	是否
发展力评价	与当代精神追求和价值观念的契合	传统文化基因得到创造性转化、创新性发展，被完整继承、广泛弘扬，保护利用并举，文旅融合，区域社会主义先进文化基因成为与浙江"三个地"相适应的文化高地	
		部分转化、部分弘扬、部分发展	√
		难以转化、难以弘扬、难以发展	

说明：基因特点评价是对解码出来的基因，根据本《导则》表2的要求，围绕"四个力"逐一对表打"√"，进行定性表述

（一）生命力评价

自明代万历年间开始，延续至今，碗窑沿袭日用青花瓷生产烧制，在名窑林立的各个历史阶段，立于不倒之地。追本溯源，碗窑瓷器史的发展，工艺是骨架，历史、文化与美学是血肉，文化基因传承是生命力。碗窑传统"工"与"艺"，具有民窑粗瓷的共性，是民窑文化的一个缩影，体现在：釉色温和，青花简约朴素，粗犷流畅，一气呵成；层次丰富细腻，格调清新淡雅，图案写实传神，具有原创性；融民间艺术和神话寓意于一体，使之数百年立于不败之地，具有超强的市场适应能力和实用审美艺术价值；凸显碗窑青花基因强大的生命力。以此为依托，文旅融汇的文化转型是碗窑青花基因生命力再延续的动力。

（二）凝聚力评价

在漫长的自然经济形成过程中，碗窑人通过血缘、氏族、姻缘、雇佣等关系不断凝聚，历史鼎盛时期凝聚四千多人，达五十姓氏，龙窑十八座。现阶段文化旅游产业发展迅猛，有中国陶瓷工艺美术大师工作室一个，手工制瓷非遗传承人一人，从业人员数十人，碗窑村陶瓷文化社科普及基地被命名为第九

批"浙江省社会科学普及基地",致力于传扬优秀传统民间技艺,增进广大民众对非物质文化遗产、民间手工艺乃至传统文化的深层认识。

碗窑古戏台

(三)影响力评价

碗窑经过了数代人的辛勤开拓,数百年的工艺传承留下了丰厚的文化遗产。碗窑现有35栋、327间保存完好的浙南山地瓦厝文化古建筑群,以及龙窑(阶梯窑)、圆窑、三官宫、古戏台等文保单位建筑,保留着完整的古工艺制瓷生产线。原生态的古村人文肌理,悠长的古韵文脉,使碗窑被誉为"明清时期手工制瓷的活博物馆"。2013年2月,碗窑被列入"第一批中国传统村落";同年,获"中国民族民间建筑魅力名村"称号;

2014年3月,被列入"第六批中国历史文化名村";2019年,上榜浙江省美丽乡村美育村,为浙江省文保单位,AAAA级景区,年吸引游客三十余万人,不仅辐射周边城市,还是日、韩等国的国际友人文化交流的青睐之地。

碗窑龙窑(阶梯窑)

(四)发展力评价

碗窑青花瓷基因具有较强的转化能力,通过青花瓷基因转化利用,文旅融汇,创建科普基地、DIY亲泥活动室、非遗文化展演、国际青花瓷文化旅游活动节等,通过对青花图腾符号优化提纯,开发特色文化旅游产品、清风廉政文化教育基地,创建"清风馆",打造浙江省南大门苍南全域旅游重要窗口,形成可持续发展文化生产力的绿色产业链。

四、文化元素核心基因保存

（一）实物保存

古民居、水圳、水碓、陶漂池、手工作坊、阶级窑、倒焰窑、博物馆青花瓷、三官宫、古戏台、八角楼等。

工具有：车头盘、墩头、铜刮子、铁削角、竹篾弓、修坯刀、车仔、描花笔、桌、椅、釉研钵、釉桶、架等。

（二）文献及相关研究

朱成腾：《碗窑有约》，中国民族摄影艺术出版社，2019年。

杨树：《那年，小青还是一条鱼》，浙江摄影出版社，2019年。

朱建德：《寻找闽南部落》，中国对外翻译出版有限公司，2011年。

（三）影像资料

《中国影像方志·碗窑》，央视摄制。

《地理中国·苍南县碗窑》，央视摄制。

《瓯江山水诗之路·碗窑篇》，浙江电视台摄制。

《家·窑》，浙江传媒学院摄制。

金乡卫

玉苍之南　苍南文化基因

金乡卫

金乡卫城现代效果图（局部）

　　金乡镇在历史上一直属于平阳县，1981年，平阳县析县，新建苍南县，金乡镇隶属苍南县。金乡镇地处浙南苍南县东部，位于浙南沿海、浙闽交界，史上曾为军事卫城。金乡自建城起，已历经630多年岁月沧桑，名称也几经变换：明洪武二十年（1387），明太祖朱元璋为抗御倭寇，命信国公汤和在金舟乡置卫筑城，改称金乡卫。清顺治十八年（1661），朝廷实行"禁海迁界"政策，金乡蒲门一带居民内迁十里，扦木为界，界外沿海房屋全部烧毁，居民一律从界外迁至界内。被迁之处，哀鸿遍野，渔盐之利尽失。康熙九年（1670），朝廷下令"展界"，恢复金乡等界外地，并称金乡卫为"金乡寨"。后至清道光年间，有李庚的"金镇图记"。可见在清代时，并无"金乡镇"的名称。民国时，始有"金乡镇"之称谓，一直延续至中华人民共和国成立后基本不变。

在明代，作为军事城堡的金乡卫的设立，实际上是在浙南地方社会嵌入了一个异质的"社会实体"：由政府直接管辖、相对封闭。明代之后，金乡卫才逐渐地与地方社会融合，它的地方化主要经历了三个阶段：（1）明中后期，军户家庭逐步形成，民政系统的里甲制度推行到卫所系统中来，军户地方化初现端倪；（2）清前期，裁并卫所，军户转为民户，屯田改为民地，卫城的孤立性被打破，军户地方化进程加速进行；（3）清中后期，军户家族形成并趋于稳定，军户与非军户融合，军户地方化最终完成。自此，金乡卫深入当地，成为当地独具特色的一个地区。至今犹存的金乡民谣"一亭二阁三牌坊，四门五所六庵堂，七井八巷九顶桥，十字街口大仓桥"，很好地概括了金乡卫曾经的主要布局和结构。

金乡卫老城墙

现今，金乡是省级历史文化名镇，其中属其管辖的蒲城于1996年成为第四批全国重点文物保护单位（浙江省第一批全国文保单位），后与周边多处抗倭遗址共同组成"蒲壮所城国保系列"。这里的抗倭事迹、卫城布局、重要建筑极具历史文化价值。除此之外，金乡镇还是现代市场经济主导地区"温州模式"主要发源地之一、中国首批千强镇、省级中心镇等。随着社会经济的快速发展，金乡古城被纳入鳌江流域小城镇一体化进程，在"新型城镇化"和"文化产业振兴规划"的战略方针指引下，通过保护文化遗产，实施文化振兴，寻求金乡传统产业转型升级与传统文化的复兴。

一、文化元素分解

（一）物质要素

1. 具有军事与政治意义的地理位置

金乡卫城所在的原平阳县位于浙南山地东南部，东南滨海，西北扼浙咽喉，且金乡山，是所谓两卫中央，北距温州卫60多公里，南距福建福宁卫80多公里，夹在二卫之间，海防位置尤为重要。平阳县境西部为雁荡山地，中、东部为鳌江、飞云江下游冲积平原和海滨平原，间有丘陵和少数低山。鳌江穿境而过，北岸地区开发较早，县治一直置于北岸的昆阳镇，距鳌江还有一定距离；鳌江以南的南港平原、江南平原开发则较晚。由县治昆阳至南境滨海平原，须渡鳌江而过，中经沮沼湖区，颇为不便；至于西南境之山区，则更为遥远，治理尤显不便。而鳌江南岸地区倚山临海，易成"盗寇"之渊薮。故金乡卫的设置，除基于东南沿海卫所防卫体系的总体设计之外，还有强化对鳌江南岸地区滨海平原及鳌江上游山地之控制的考虑。综上，金乡卫城的设置，不仅利于海防，还便于对周边地区的管理。

2. 大量外来移民

金乡卫人口的来源，可分为两类。首先是迁往金乡卫城内的人口。明代以卫军分调各地，实行军民分籍，卫城驻扎的官军大多来自异地。金乡卫也是如此。金乡卫的设立，实际上是在浙南地方社会中嵌入了一个异质的"社会实体"：卫城（以及所城）孤悬在以府、县城为中心构成的地方城市体系之外，他们属于卫籍，身份特殊，且世代相袭，一般情况下不得除军籍转入民籍，其特殊性决定了民户不敢与军户往来，军户亦少与民户接触，军民既不杂处，亦少通婚。金乡卫的形成，按照军事行政命令，其他地区官军调来充实此地，促成了第一类人口迁移。

其次是在第一类迁移的基础上产生的向外迁的人口。由于明后期、清朝军事制度的变化，促成了城内人口向城外的迁移，此时的迁移相对自由，城内城外沟通增加。

以上两类迁移和人口、文化的融合共同促成了金乡卫在民间信仰、语言、生活习俗、口头歌谣等方面独特的历史文化气息。

（二）精神元素

1. 持续不懈的勇敢抗倭精神

金乡卫设置前后，倭寇为患金乡沿海。倭寇侵犯可大致分为三个阶段：首先明洪武五年（1372）至明嘉靖二十二年（1543），历一百七十一年。这一时期"群盗窃海隅为奸利，都是乘不备为乱耳"。其次是明嘉靖二十三年（1544）至四十二年（1563），不到二十年，倭寇大规模侵入多次。这一时期，由于土地兼并，军卫制度受到破坏，内地奸商勾结海盗，倭寇侵犯特别猖獗，他们据海岛设巢穴，大舰直入沿海内地，烧杀劫掠，无所不用其极，造成村落变废墟，百姓罹大难。最后是明嘉靖四十三年（1564）至明崇祯十五年（1642），近八十年间，由于戚继光给倭寇以毁灭性打击，连续水陆交战，基本上剿平了残寇，海上安静，偶有骚扰，只是余波而已。

倭寇侵扰金乡海疆，前后历经二百多年。二百多年的倭患史，不仅令当地村舍冷落、生灵涂炭、人口稀少、生产停滞，也涌现了无数次大大小小抗击倭寇的战役。乡卫的官兵们众志成城、勇敢杀敌，扫平为祸多年的倭患，通过一次又一次战役为百姓争取一份安宁，确保了沿海人民的生命财产安全，其中还涌现出了像戚继光一样的抗倭民族英雄，凸显出了民族气节。

2. 勇闯天下的大胆开拓精神

20世纪80年代改革开放之后，金乡人民一改以往守城过日子的秉性，大家风风火火走出城外，走向全国各地做起生意。当时家家户户相仿办厂搞"小商品"生产，其中"红皮"（毕业证、工作证等外包装塑料皮套）和"小徽章"的生意一下子兴旺起来，还发展到了如日中天的地步。为了推销业务，金乡人创新采用了信函推销的方式，即"业务信"。据说在1986年，每天经过金乡邮局寄出的业务信，多达11万封，估算1981年至1987年，业务信总量达1亿6000万封。

此外，金乡人还大胆探索在全国率先实行浮动利率和挂户经营的方式，成为"温州模式"的重要发源地之一，确切地说，金乡是中国乡镇企业发展之路的"温州模式"的典范之一例。

（三）制度要素：

1. 富含古代行军布阵理念的城市建筑布局

金乡卫根据南京紫禁城的"八卦乾坤布局"而建造。八卦中一卦六爻，金乡现第八巷为六爻中之初爻，第三巷为六爻中之上爻。四城门命名也有八卦的痕迹。卫城除四门外，分别在东南、西南、东北、西北设四水门，构成休、生、伤、杜、景、死、惊、开的八卦八门九宫格局。这正符合中国古代的行军布阵之术"奇门遁甲"的格局。

金乡卫城的城墙大都毁于"大跃进"和后来的"文革"，仅留下北门和西门城门，但宽阔的护城河却一直川流不息，见证了历史的沧桑。

2. 城内城外互动的制度

卫所类似于官方在某地设置的一个"异质"社会，它的存在有其特殊性。这样特殊的一个城池，不但能在当地持续存在，还曾经成为地方上的社会经济文化中心，不但融入了地方，还带动了地方社会的发展，这与它和当地的互动紧密相关，但这种互动在不同时期都深受官方制度的影响。

在明代初期，卫城实行"军户分离"制度，军户们属于卫籍，身份特殊、时代传承，城内城外相对隔绝。明中后期，军屯制度破坏，明弘治五年（1492），金乡卫编立里甲，这意味着已经将民政系统中的里甲制度推进于卫所系统，使金乡卫军民两套系统并存。后来，军户家庭繁衍、扩大，开始建构姓氏血缘团体，建立屯驻地的社会关系网络。人口的增加，使城内与城外的互动增加了可能性。到了清朝，军户改民籍、屯地变民地，卫城的孤立彻底打破，军事功能丧失，在制度规定上不再孤立于当地社会，城内城外进一步融合。如此，金乡卫在不同时期的制度推动下，一步步实现了城内与城外，军事与地方上的全面融合。

（四）语言与象征符号要素

1.金乡话

金乡话是明朝时期北方军队在此驻军的产物和活的见证，金乡话仅限于金乡镇内交流使用，如今的金乡话是由北方吴语和官话与苍南方言长期融合而形成的。在该地形成了独特的"方言岛"现象，具有显著的历史文化意义和价值。目前使用该语言的人数仅三万左右。

2.富含独特传统文化意蕴的标志性建筑

"一亭二阁三牌坊，四门五所六庵堂，七井八巷九顶桥，十字街口大仓桥。"这是流传于金乡耳熟能详的民谣，完整地概括了金乡的标志性建筑。

一亭即为丰乐亭，原名消夏亭，始建于明成祖永乐年间，迁界时毁于兵火，重建后又遭遇台风，咸丰年间由余家昆仲助资再建，改名丰乐亭。

二阁为文昌阁、魁星阁。两阁始建于明万历年间，后毁于迁界，清康熙四十七年（1708）重建，次年竣工。但文昌阁在1948年元宵节毁于火灾，现仅遗存石柱龙门。1964年，金乡小学在文昌阁原址建教学大楼。现在北门外的文昌阁为近几年群众集资新建，非原址原貌。魁星阁位于西水门洞上。阁前河道宽阔。阁内有魁星爷塑像，手执朱笔，脚踏鳌鱼，笔点三元四方英才，形象栩栩如生，引人遐想。20世纪80年代，经地方贤士修葺，妥善保护，现在已经成为金乡人民宝贵的历史文化遗产。

三牌坊分别在城西街北首伊家巷口、凤仪街北安息日会西侧和凤仪桥南，都是乾隆、嘉庆时御赐，均属贞节牌坊。

四门是东迎旭门、南靖海门、西来爽门、北望京门。

五所是卫城内五个千户所，即前所、后所、中所、左所、右所。

六庵堂，以宦隐庵为最。宦隐庵原名"荷庵堂"，因庵中荷花池而得名，位于东门大屿山（狮山）麓。明代王之猷辞官退隐，居荷庵堂，改名"宦隐庵"。原庵始建于明洪武年间，清乾隆、光绪年间两度重修。宦隐庵之外，另五所庵堂是圆通庵、福聚庵、玉泉庵、西林庵、水月堂。

七井都是泉水井，布于大屿小屿两峰之下。大屿山下有三皇庙井、玉泉庵井、义仓南井、广济庙井，小屿山下有西林庵、万善堂、沐泗庙三口井。七井的位置排列像北斗，大屿山下四口为斗魁，小屿山下三口为斗杓。

八巷是"八卦乾坤布局"中的核心部分。八卦中一卦六爻，建城时只有六条巷，后加马巷、牛巷，共八条，保存完好。

九顶桥架城内九曲河之上，分别为定远桥、凤仪桥、张家桥、鲁公桥、木桥、大仓桥、小仓桥、火神桥、驿馆桥。今城内河道均已成为地下暗沟，故九桥仅有遗址而已。

大仓桥地处仓桥街、俞巷街、城西街、城北街四街相会的十字路口，历来为闹市。

总之，金乡的这首民谣，不仅概况了金乡卫城的主要设置内容，而且还彰显了它们的文化象征意义和价值。

二、文化元素核心基因提取

金乡卫城因军事的目的——抗倭护民而兴建,后来由于历代制度的变换,逐渐形成了军民在地化的融合,促进了地方社会的发展;如今的金乡镇蓬勃发展,成为温州模式的主要发源地之一。

三、文化元素核心基因评价

金乡卫文化基因评价依据

评价项目	评价因子	评价依据（特点）	是否
生命力评价	文化基因存续的时间	自出现起延续至今，文旅融合，弘扬存续	√
		自出现起延续至今，但多次衰微、中断后复兴	
		曾明显衰败，改革开放后开始复活复兴或历史溯源关键环节缺失，难以考证	
		文化形态主体已灭失，现存部分痕迹	
	文化基因的稳定性	在发展过程中保持相当稳定的状态	√
		在发展过程中存在明显的精神内涵、表现形式剧变	
凝聚力评价	文化基因的凝聚力及社会动员效果	曾广泛凝聚区域群体的力量，显著推动过社会经济文化的发展	√
		曾部分凝聚起区域群体力量，对社会经济文化的发展产生过影响	
		凝聚过力量，创造过实际的发展动能，但未见对社会经济文化发展产生显著改变	
		仅在历史文献或口耳相传中存在，未见实际介入社会经济发展	
影响力评价	辐射的范围	具有全国性、世界性的影响力	
		具有长三角区域、浙江省影响力	√
		具有市县、乡镇影响力	
	提炼的高度	已经被相关专家学者誉为"明清时期手工制瓷活的博物馆"	
		单纯的样式、造型、工艺技术规范	

续表

评价项目	评价因子	评价依据（特点）	是否
发展力评价	与当代精神追求和价值观念的契合	传统文化基因得到创造性转化、创新性发展，被完整继承、广泛弘扬，保护利用并举，文旅融合，区域社会主义先进文化基因成为与浙江"三个地"相适应的文化高地	√
		部分转化、部分弘扬、部分发展	
		难以转化、难以弘扬、难以发展	
说明：基因特点评价是对解码出来的基因，根据本《导则》表 2 的要求，围绕"四个力"逐一对表打"√"，进行定性表述			

（一）生命力评价

宋元之金舟乡，明朝之金乡卫，清朝之金镇乡（亦名金镇卫），民国之金乡镇。金乡横跨五代，历经 630 余年的历史，屹然矗立于世，具有顽强的生命力。

金乡兼具军事、政治意义的地理位置，富含古代排兵布阵观念的建筑布局，使金乡卫建筑成为一所极具明代建筑特色的卫所。因制度变化而促成的人口迁移，以及持续不懈、坚韧不屈的抗倭护民精神，促成该地形成语言、民间信仰、风俗习惯、传说歌谣等具有地方特色的文化，建筑和文化反过来作用于民众的生活，金乡卫的生命力渗透进民众的生活空间与生活日常。在改革开放的新时期，金乡在全国创造了多个第一，继续大放异彩，焕发出新的生机。

（二）凝聚力评价

金乡卫的建设首先在地理空间上形成了区域划分，其次它因抵御倭寇而建立，共同抵御外敌，在精神层面上形成共同体。在这样两种力量的作用下，区域内部也形成了自身的生活体系与信仰体系。在过去，两种力量团结着金乡卫的官兵与民众，众志成城抵御倭寇与外敌。在历史上，因为政治军事制度的原因，金乡曾在一方占据优势资源和优势地位，成为地方上的重要城市，人口繁盛，社会文化自成一格，不断向外辐射，涵化了规模众多的人口。在不受倭寇侵扰的当下，这些传统和基因又促使民众增加对地方的认同感，进而推进着金乡的发展与进步。如今，金乡已成为现代市场经济主导的"温州模式"的主要发源地之一、中国首批千强镇、省级中心镇等。

（三）影响力评价

在文化方面，金乡是省级历史文化名镇，它蕴含着丰富的海防卫城文化。其中曾属其管辖的蒲城于1996年成为第四批全国重点文物保护单位（浙江省第一批全国文保单位），后与周边多处抗倭遗存共同组成"蒲壮所城国保系列"。这里的抗倭事迹、卫城布局、重要建筑都极具历史文化价值。

在创新方面，金乡人大胆地探索，在全国率先实行浮动利率和挂户经营的方式，成为"温州模式"的重要发源地之一，可以说是中国乡镇企业开启发展之路的"温州模式"的一处典范。

（四）发展力评价

金乡具有良好的发展前景。它与一般衰落的古镇旧区不同，目前仍是充满活力的生活城镇，拥有可观的人口，具有发达的家庭作坊私营经济，其中金乡徽章制作已经享誉世界。金乡曾经的村—镇—城相混杂的社会空间形态的变化，与目前对金乡文化内核的保护与传承发展，为金乡实现城镇化健康发展、历史文化遗产保护传承、推动产业升级创新驱动提供了重要抓手。

目前地方政府实行将海防卫城文化与当地传统文化和特色产业相结合的发展策略：将卫城的资源保护利用，文化商品的集聚、产业活动的集聚、汇集与相关地区文化资源和产业融合，增强其发展的转型升级；将推进文化认同和促进经济发展作为最基本的两个目标，运用文化资源促进城镇经济发展，是金乡实现可持续发展的重要途径。今后，地方政府继续将"古镇保护"放置于当代城镇综合建设中，使之成为社会经济整体效果的组成部分,努力将金乡建设成秉承自身历史的城乡地域经济高度协作的市镇网络典范,即新型城镇化发展的典范模式,更好地推动城乡统筹发展、全面发展。

四、文化元素核心基因保存

（一）实物保存

代表性建筑——亭：丰乐亭，原名消夏亭，始建于明永乐年间。

古民居：杨广源砖雕花墙；东门余家大屋、楼下郑氏庄园、大夫第、百步街陈宅、方宅、张家台古宅；南门陈家、凤仪街张家、凤仪街殷家第四房、夏家；西门杨广源、朝北张家、殷家第七房、潘家；夏八美宅、湖里古宅。

祠堂：殷家祠堂，在西门，坐北朝南，占地1500平方米。二进五间，硬山顶，砖木结构，梁、枋、檩、椽均粗壮，斗拱雕刻别致，前院地面长石铺设，中堂有黎洪元亲笔"上善绵龄"之匾额，后院有墙雕屏风。

牌坊：贞节牌坊，建于清代，原位于西门大街，20世纪80年代后迁至金乡狮山公园。

桥梁：洗马桥、状元桥。

古井古塔：七口水井、涌泉寺小石塔。

寺庙：城隍庙、水月堂、卫国寺、中山堂、凌云寺、宦隐庵。

（二）文献及相关研究

廖涵：《宦凌海〈明清浙江海防体制与地方互动——以温州卫所为中心〉》，《区域史研究》2020年01期。

哲贵：《金乡风物》，《山花》2019年10期。

官凌海：《明代中后期温州沿海卫所与府县治理》，《温州职业技术学院学报》2018年04期。

尤育号：《温州沿海卫所及其地域亚文化考察》，《中国地方志》2018年04期。

刘小方：《蒲壮所，挥别"防海"的孤城》，《百科知识》2017年05期。

刘小方：《金乡卫城，大明海防的温州残存》，《百科知识》2015年13期。

杨圣勇：《市场经济主导地区海防卫城转型与复兴探索——以苍南县金乡卫城保护整治规划为例》，《中国城市规划学会·城乡治理与规划改革——2014中国城市规划年会论文集（08城市文化）》，中国城市规划学会，2014年11期。

林昌丈：《明清东南沿海卫所军户的地方化——以温州金乡卫为中心》，《中国历史地理论丛》2009年04期。

朱丽娟、唐乐平：《金乡经济生活的叙事策略》，《绍兴文理学院学报（哲学社会科学版）》2008年01期。

周思源：《〈周易〉与明代沿海卫所城堡建设》，《东南文化》1993年04期。

苍南夹颂

玉苍之南　苍南文化基因

苍南夹缬

苍南夹缬戏曲人物图案

夹缬，传统上也称为夹染，它因为同古代的蜡缬（蜡染）、绞缬（扎染）被称为古代传统手工印染的"三缬"而闻名于世。

夹缬起源于秦汉时期，在唐代一度很兴盛，唐代已经具有夹缬的彩色印染技术，其产品色彩鲜艳、图案精美，具有很强的实用性，曾经十分盛行。宋代却曾两度遭赵氏王朝政府的示禁，几近消亡；元明以后，夹缬的流行由贵族精英转向普通民众，由多色彩印染向单一蓝色印染转化，因此现在夹缬也被称为"蓝夹缬"。

现当代以来，夹缬技术在苍南县留存，苍南夹缬也因此被誉为传统夹染的"活化石"。20世纪70年代之前，在苍南境内乡村，夹缬印染作坊比比皆是，夹缬产品的"大花被"（也叫"百子被"）依然是本地民众婚嫁的必备之物。改革开放以后，随着社会的发展和人们物质生活的改善与提高，人们的思维观念更新，生活需求改变，加上色彩斑斓的各类现代布制品的出现和兴起，传统夹缬印染产品在日常生活中日渐萎缩，许多作坊因滞销而停产。20世纪80年代开始，宜山镇八岱村印染作坊业主薛勋郎对此项工艺进行抢救性的生产。薛勋郎的夹缬印染作坊便成为全国唯一完整保存夹缬传统工艺且目前仍在生产夹缬的作坊，堪称是中国古代印染业的"活化石"。

苍南夹缬印染生产技术性强，夹缬的生产流程一环一节，环节相接，周密而考究，完整保存了中国古代夹缬印染的生产技术和生产流程，包括天然靛青的配方、配液和以天然靛青为染料的技术。抢救和保护夹缬技术，对于研究我国印染技术的原始风貌、传承方式和发展过程具有独特意义。2006年，"苍南夹缬"被列入第一批浙江省非物质文化遗产名录。夹缬传承人薛勋郎于2008年被列入第一批浙江省非物质文化遗产项目代表性传承人名录。如今，苍南设计师叶丹及其团队开发的"缬韵"系列夹缬文创产品已经行销全国，影响力日增。

一、文化元素分解

（一）物质要素

1. 临近地区的蓝草种植与打靛产业

苍南夹缬的染料靛青曾经主要来源于乐清的蓝草种植和打靛技艺。《说文解字》中言："蓝，染青草也。"在浙江乐清市城北乡黄檀硐村、临近章山村、赤水垟村、白石镇等浙江南部中雁荡地区历代种蓝制靛，所种植的马蓝，当地称之为蓝草，或靛青草，叶子用以造靛，根部入药。该地区所种植马蓝是以茎部留种扦插的方式进行的。

蓝草的种植有一套完整的流程和要点，内容主要包括：（1）种前翻耕起垄；（2）种蓝；（3）留种与保存。若种靛人家顺应天时，适时插播，按照蓝靛草的生长规律进行管理。种蓝每年的收成情况：100斤的种子，不包括靛青留种与根部，来年能打出五六百斤靛青叶，一般一亩地产3000斤叶子，按照三分之一的打靛率，可以打出1000斤靛蓝液，当地有"种田一亩，敌谷田一斤"的说法。所以在乐清雁荡山区，种蓝制靛，曾经是主要的生产谋生方式，当地生产的蓝靛因为夹缬印染业的发达曾经市场广阔。但近年来，因为化学染料的兴起和流行，靛青的需求急剧减少，种植蓝草的农户几乎绝迹，乐清几乎只剩下夹缬非遗传承人陈松尧一家还在自种蓝草、打靛，供给自家染坊使用。

2. 苍南家庭棉纺织业的发达

历史上长期以来，平阳和苍南一带由于人多地少，农耕不敷家计所需，兼业性生产成为农户经济的重要组成部分，并由此形成极具地方特色的家庭副业。其中最具代表性的就是农户兼营家庭棉纺织业、矾矿开采和茶叶生产。隆庆《平阳县志·民事》载，平苍妇女"不事刺绣，惟勤纺绩，昼夜无间。虽高门巨室，始齿之女，垂白之妪皆然"。19世纪中叶，宜山镇生产的白色棉布，俗称"筒布""老土布"，畅销闽、赣部分山区。由于农户普遍兼业纺织，本地棉花渐不敷所需，以至于从宁波、黄岩一带收购棉花运到本地加工。至20世纪30年代，木制老式织布机改革为新式织布机，带动了农户棉纺织业花色品种的革新。抗日战争前夕，抵制日货，提倡不穿"洋布"，家庭棉纺织业生产也颇为兴旺。据1990年《平阳商业志》载，20世纪上半期，江南宜山、钱库等地的农村中，60%以上的妇女从事土布业生产，每年运销浙、闽、赣三省的土布达10万匹。苍南当地家庭棉纺织业的大量出产，为夹缬的印染提供了源源不断的土布布料。

（二）精神要素

1. 祝愿婚姻美满幸福的美好心愿

20世纪六七十年代是夹缬工艺产业的鼎盛时期。当时，在温州境内，被面上印染着各式夹缬图案的夹缬被，曾经是婚嫁的必备之物，根据各地不同的民俗，夹缬被被大众称呼为"方夹被""双纱被""敲花被""大花被"等，也有一些地方根据夹缬的图案称呼为"百子被""龙凤被""状元被"等。而在苍南，人们基本上把夹缬被都叫作"大花被"。那时候，女孩子一旦许了人家，娘家一定要为她张罗一床夹缬被作为嫁妆用。通常情况下，娘家人需要挑个好日子纺纱、织布以讨吉利，然后再把织好的棉布送到染坊，并夹上16方或12方寓意吉祥的蓝白图案。有的地方甚至认为新婚夫妇如果不盖夹缬被睡觉，家庭就会不和睦。所以，即使是最贫困的人家，在女儿出阁前，也一定要赶制一床单纱纺制的"大花被"。那时，家里要是没有一床夹缬被放着是会被邻居笑话的。而诸如"状元被""百仙被""百子被"等称呼和命名，也体现了民众对婚姻生活的重视和对美好的祈盼。可见，夹缬被在民众日常生活中扮演着非常重要的角色，有重要的民俗承载功能。

夹缬被的蓝印花图案中常见"凤戏牡丹""吉庆有余"等内容，而"百子图"题材的被面却曾经是婚俗必备。因温州地处沿海，渔民要靠打鱼为生，男人是家中不可或缺的主要劳动力，故传宗接代、多子多福的概念在当地民间颇为盛行，"夹缬百子图"的被面曾经是父母为子女准备的婚庆必备用品，生动体现了人们的生育观念。

苍南夹缬百子图案

2."执着坚守、精益求精"的匠心精神

苍南夹缬在清代已经声名远播。在当地，夹缬印染曾经名气最大的是仙居乡湖广店村戴氏聚丰染坊。戴家印染业自清代开始，历承四代，前后共出从艺人员数十人，是苍南夹缬印染业的大户。随着印染生意的不断旺盛，子孙从业人员的不断增多，戴家先后分设了"润美""五丰""永华"等多个牌号的染坊，进行夹缬的生产。戴氏印染业最盛时期，不仅有自家的专业生产人员和负责购料、产品推销的专业购销人员，还雇请了不少佣工，生产的夹缬被面与蓝印花布被面遍销平阳、松溪、福安、寿宁、泰顺、瑞安等浙闽边界地区。20世纪60年代之前，苍南夹缬印染分布广泛，遍布城乡，全县有街道的地方就有夹缬印染。据苍南县文化局杨思好对全县夹缬染坊、艺人及传承情况的调查显示，苍南在1960年代之前还至少有50余家印染作坊和100多名印染师傅。

现在作为苍南夹缬非遗传承人的薛勋郎，在当地夹缬印染世家第三代传人戴志国和曾在戴家第二代传人戴乃玉家染坊打工的陈康算的支持和帮助下，几经周折，终于学会了夹缬印染工艺，并坚持染印至今，使濒临灭绝的夹缬印染技艺得以延续。

(三) 制度要素

1. 简约质朴而又明艳的审美风格

苍南夹缬的图案对称、用雕有图案的夹板夹住防染，用靛青作为单一的染料，呈现出蓝底白花的明艳色彩对比效果；图案雕刻以线为主，点、线、面相结合，图案均为雕版手艺人的手工制作，故线条、点、面都透着粗朴和朴拙之感。苍南夹缬以蓝、白两色构图，将温州地区的南戏故事、民间传说作为夹缬制品的主要图案，如取材于戏曲故事、民间传说的"百子图"、取材于民间绘画的凤凰图、牡丹图、菊花傲霜图、灯笼双喜图等，具有深厚的民俗与地方文化底蕴。整体上，苍南夹缬带有浓郁的乡土气息。

2. 复杂的雕版与印染技艺流程

首先是雕版技艺：在木制雕版被采用之前，夹缬的印花版一般是用桐油纸镂刻而成的，很容易被损坏，一旦损坏就要到外地重新镂刻，不仅很麻烦，也比不上木头结构的缬版经久耐用，一套能用好几年，因此，夹缬的木质雕版技术是夹缬在苍南得以保存的重要原因。

夹缬花版的雕刻技术要求相当高，程序相当复杂。首先要挑选优质不易变形的雕版材料，如枣木、榆木、梨木等。其中以各种梨木材料为常见，梨木木质硬不易变形，砍下后需浸泡水沟中数月，晾干后待用。雕版时，要根据版块的大小，在白纸上绘制好图样，在表面打磨光滑的木板上刷一层稀浆糊，将样稿贴在木板上，用平口的棕毛刷将样稿横平竖直地刷，将样稿贴平贴牢，再根据图纸，用斜刀快速打出图案上的线条轮廓，继而用圆刀和平刀，从左到右敲出约 0.4 厘米深的沟线，基本凿出版面图案的坯样。再在坯版上细细地挖出一条条四通八达，能让染液通行无阻的明沟和暗道。"明沟暗道"，才能使染液路路通，便于上色。雕好一块花版后，要将雕好的图纹用纸复制下来，贴在另一块木板上，作为对称版块的图样，

夹缬印染雕版（百子图案）

再雕刻出一块图案纹路完全相同的对称版块。雕刻好的花版，按花纹排列顺序，编上序号浸于水中待用。

其次，印染流程一般分为以下几个步骤：

（1）挑选夹缬面料。一般镂空版选择的面料为真丝织物；双面雕刻（不镂空）夹缬选择纯棉制品，要厚一些，便于染色时夹紧不掺色。

（2）脱脂。将所选布料，在太古油或碱水等助剂水中浸泡两天后，放在清水中清洗晾干待用。

（3）坯布整理。裁剪9米坯布洒水后，折成四层，除两端多放四指外（约10厘米），其余按比例平均分四份并用靛蓝做上记号，卷起待用。

（4）装花版。取出铁制的夹缬框架，将编排为1号的单面花版放在铁框架，把卷好坯布松开后，按所做记号，把双折布边同花版中心边对齐摆平，接着放2号花版，以布边记号为准，不断重复放置装好坯布与花版，最后用螺丝旋紧或木楔敲紧，使布完全被夹紧，不掺颜料。

（5）配色。把蓝靛倒入小缸中，5斤蓝靛配8斤石灰和10斤米酒，再加适量水搅拌，使蓝靛水变黄，水面上起靛沫，民间俗称"靛花"，即可倒入大缸待染。

（6）看缸。每天清晨由师傅看大缸里的染色水是否成熟，用碗舀起缸中苗水，先用食指在头上轻擦一下，手指沾到油脂后，再放在碗边的苗水上。

（7）下缸。把夹缬版放在染缸内，1小时起放一次。染缸液保持在10℃以上，一般在农历十月初生火加温，燃料为稻糠、棉（花）籽壳或木屑，它们的特点是基本没有明火，保温性能好。夹缬布下缸后，须浸染充分后出缸氧化，这样反复浸染6到8次，直到颜色满意为止。

（8）出缸。把染好的夹缬吊起，将染液滴干，半小时后松螺帽或塞子，将夹板按次序打开。然后将染好的夹缬花布晾晒在竹竿或田埂上。

雕版和印染技术是夹缬工艺的核心，也相对复杂和繁难，是夹缬传承

非遗传承人薛勋郎和他的夹缬产品

的核心内容。

（四）语言与象征符号

1. 夹缬图案的构图特色

夹缬图案呈现出对称平衡，和谐优美的审美布局。这种特点与雕版夹染的要求相关，它是用两块雕镂相同图案的花板，将布帛夹在中间，在镂花处染色，成为花纹。因此印染出来的图案特点是花纹对称，具有均衡规律的美，体现出中国古典时代的审美特点。

2. 夹缬图案的象征与文化内涵

苍南夹缬的图案题材内容丰富，富含时代特征；大致可分为传统吉祥图案、传统戏曲故事人物图案、百子图案、改装版图案、现代图案、混合型图案五类。这些内容既体现了民众对美好生活的祈盼和祝愿，也反映了社会历史文化的变迁。在这些图案当中，最受苍南人民欢迎的是传统戏曲故事人物图案和百子图案，这是有原因的：苍南民众普遍信奉杨府侯王、陈十四娘娘、妈祖娘娘等神灵，民间信仰活动十分普遍，请戏看戏和娱神还愿的习俗在苍南曾经十分常见。在明代，苍南曾经倭患频繁，为了防御外侵，苍南人尚武之风极盛，境内曾出现过七个武状元、一百二十余个武进士，再加上家族斗争的事时有发生，旧时的苍南重男轻女的风气比较严重，喜欢追求多子多福。苍南的这些地方文化传统与民众生活风情都在夹缬中有所体现。

苍南夹缬劳动人民与工农兵图案

二、文化元素核心基因提取

苍南夹缬作为传统印染夹染的"活化石",传承历史悠久,临近地区优质靛青的生产、雕版雕刻和印染技艺的保存,都体现了苍南人对这一技艺坚韧的坚守精神;夹缬图案题材内容蕴含着丰富的地方风土文化传统和习俗;夹缬图案呈现对称和平衡的结构特征,蓝白强烈对比的染色效果呈现出简约质朴而又明艳的审美风格。

三、文化元素核心基因评价

苍南夹缬文化基因评价依据

评价项目	评价因子	评价依据（特点）	是否
生命力评价	文化基因存续的时间	自出现起延续至今，未曾明显中断	√
		自出现起延续至今，但多次衰微、中断后复兴	
		曾明显衰败，改革开放后开始复兴或历史溯源关键环节缺失，难以考证	
		文化形态主体已灭失，现存部分痕迹	
	文化基因的稳定性	在发展过程中保持相当稳定的状态	√
		在发展过程中存在明显的精神内涵、表现形式剧变	
凝聚力评价	文化基因的凝聚力及社会动员效果	曾广泛凝聚区域群体的力量，显著推动过社会经济文化的发展	√
		曾部分凝聚起区域群体力量，对社会经济文化的发展产生过影响	
		凝聚过力量，创造过实际的发展动能，但未见对社会经济文化发展产生显著改变	
		仅在历史文献或口耳相传中存在，未见实际介入社会经济发展	
影响力评价	辐射的范围	具有全国性、世界性的影响力	√
		具有长三角区域、浙江省影响力	
		具有市县、乡镇影响力	
	提炼的高度	已经被古代文人士大夫和当代学者提炼为精神符号和理念理论	√
		单纯的样式、造型、工艺技术规范	

续表

评价项目	评价因子	评价依据（特点）	是否
发展力评价	与当代精神追求和价值观念的契合	传统文化基因得到创造性转化、创新性发展；区域革命文化基因被完整继承、广泛弘扬；区域社会主义先进文化基因成为与浙江"三个地"相适应的文化高地	√
		部分转化、部分弘扬、部分发展	
		难以转化、难以弘扬、难以发展	
说明：基因特点评价是对解码出来的基因，根据本《导则》表2的要求，围绕"四个力"逐一对表打"√"，进行定性表述			

（一）生命力评价

夹缬印染技艺起源于秦汉时期，兴盛于唐，曾经发展出多彩印染，在社会上层人士中流行，在唐代曾经被选作国礼，后转入民间，多为单蓝色印染，技艺绵延传承至今，富含社会历史文化内涵，具有强大的生命力。苍南夹缬作为传统夹染的"活化石"般的存在，在今天依然有着强大的发展潜力：夹缬的图案内容丰富，色彩明艳，图案结构平衡优美，用途广泛，在当代服装、装饰品、旅游产品等领域，具有较大的开发利用潜力。2017年，苍南本土设计师叶丹及其团队建立了非遗夹缬文创产品"缬韵"品牌，在全国已经开设了二十多家门店，影响力日增。

（二）凝聚力评价

历史上的夹缬工艺曾经是一个完整的产业链，包括蓝草种植和打靛、靛青销售、棉纺布加工和销售、雕版雕刻、夹缬印染和产品销售等产业环节，曾经是浙南地区农户们的重要副业，不但解决过无数人的生计，还承载着人们对生活的美好愿望，凝聚了浙南地方社会和不计其数的人群，是浙南历史中不可或缺的存在，具有重要的社会历史文化意义和价值。

近年来，由苍南叶丹文创团队打造的夹缬文创品牌"缬韵"，既沿承夹缬的传统印染技艺，又采用新技术、新角度，对传统图案、材料进行大胆创新，调整并改良夹缬的应用功能以及纹样图案，为夹缬注入现代时尚元素。经过不断推陈出新，现已将其运用到日常生活、茶道文化、服饰首饰、文人书签等用品中，使之成为具有现代化气息的工艺品。这一条新的产业链不但凝聚了无数的从业人员，而且作为苍南的文旅符号，正焕发出新的生机，产生着日益瞩目的凝聚力和号召力。

叶丹"缬韵"夹缬文创产品系列

（三）影响力评价

夹缬产品在唐代曾经被选中作为国礼，影响盛于一时。苍南夹缬现在则是夹染技艺的活化石，2006年，"苍南夹缬"被列入第一批浙江省非物质文化遗产名录。夹缬传承人薛勋郎于2008年被列入第一批浙江省非物质文化遗产项目代表性传承人名录。如今，苍南设计师叶丹及其团队开发的"缬韵"系列文创产品已经行销全国；"缬韵"部分产品在2019年7月入选国务院新闻办公室"国庆70周年"新闻发布会浙江专场展示；2020年还被选入了浙江省文化和旅游IP，影响力日增。

（四）发展力评价

在新时期，传统的夹缬技艺几乎在各个环节都进行了创新发展，在蓝草的种植方面，有的非遗传承人尝试将种植与夹缬印染的整个产业环节完整呈现出来，建立了夹缬非遗体验基地，使种植的蓝草不但具有出产靛青的作用，还有观赏价值；在雕刻和图案设计上，试图创作出比传统图案更复杂的"活"纹路。如苍南的陈庭裕师傅，是一位从事木雕30余年的古建筑木雕艺人，他与非遗传承人薛勋郎进行了多次研究，在保留传统工艺的前提下，对图案进行了大胆创新，并运用现代化的电脑设计图案，使图案既传统又对称准确，成功地设计了"锦上添花""雄鹰展翅""鲤鱼跃龙门"等一组适应现代布制品的图案。他们改进后的夹缬元素，可用于各种工艺装饰、被褥、时尚服装、门窗帘等生活用品的生产，特别是在服装和工艺装饰方面具有较大的发掘潜力和利用价值。同时，苍南夹缬印染技术的传承和延续历史，也是中国地方社会组织和发展的缩影，是中国不可多得的民族民间工艺，流传千年，对于研究中国地方社会的人民生活及民俗风情、社会组织方式、意识形态等都具有重要的意义和价值。

四、文化元素核心基因保存

（一）实物保存

薛勋郎夹缬印染作坊，夹缬雕版及图案若干，叶丹"缬韵"文创产品，省级非遗传承人薛勋郎。

（二）文献及相关研究

张琴：《中国蓝夹缬》，学苑出版社，2006年。

李雪艳：《渐渐消失的技艺——浙江雁荡山蓝草种植与靛蓝制取的工艺性调研》，《广西民族师范学院学报》2015年04期。

刘豆豆：《浅谈苍南夹缬工艺的文化特征及价值》，《美与时代（上）》2013年11期。

吴元新：《夹缬技艺赏析——蓝白相映 朴实清新》，《美术报》2006年12月30日。

杨思好：《苍南夹缬》，《东方博物》2008年02期。

陈后强：《苍南夹缬印染工艺的前世今生》，《中国包装报》2011年08月19日。

苍南县委员会文史资料研究委员会编：《苍南文史资料》（第一辑）。

杨思好、萧云集：《温州苍南夹缬》，浙江摄影出版社，2008年。

浙江南大门

玉苍之南 苍南文化基因

浙江南大门

168 黄金海岸线（环海公路）

苍南地处浙江最南端，素有"浙江南大门"之称，其东临东海，西毗福建，与宝岛台湾隔海相望，山海兼具、气候温润，物产丰富，是浙江海洋大县、人口大县，也是浙江对台经贸合作的主通道、桥头堡。苍南境内，拥有国家森林公园玉苍山，雄浑幽秀；168公里蜿蜒曲折的黄金海岸线和7个金沙滩，碧海蓝天，烟波浩渺；以金乡卫城和蒲壮所城为代表的600年抗倭文明；以世界矾都国家矿山公园为代表的600年矿山开采工业文明；以碗窑古村落为代表的600年农耕和陶瓷文明。它们在此交融碰撞，孕育出独特的人文风情。苍南物产丰富，饮食极具地方特色：炎亭梭子蟹、宜山鱼饼、马站四季柚、桥墩月饼、矾山肉燕、金乡炒米等山珍海味和特色小吃，让人回味无穷。苍南人口来源途径复杂，不乏南北混杂、军民相融合的特殊情形，一县境内竟有五种不同的方言，境内还有三万多畲族民众，境域自然资源和人文资源丰富多样，姿态万千。

在改革开放四十多年的发展中，苍南人民表现出"敢为人先"的创新创业精神，坚持发展为要，近年来寻求在转型升级中推动高质量发展，坚持统筹协调，增进民生福祉，在融合发展中加速蝶变。苍南多次入选"中国县域经济百强县""全国县域旅游综合实力百强县"，实现了从欠发达县到百强县的精彩蝶变，人民群众获得感、幸福感不断增强。

在新时期"浙江美丽南大门"建设中，苍南将继续深化改革，在共同富裕的大场景中找准关键切口，探索有效路径，不断呈现"浙江美丽南大门"的窗口形象、发展形象、实力形象，以高质量谱写"浙江美丽南大门"建设新篇章。

黄金海岸线一隅

一、文化元素分解

（一）物质要素

1. 独特的地理位置，富饶的山地和海洋资源

苍南县位于浙江省的沿海最南端，东临东海，与宝岛台湾遥遥相望，西南毗连福建省福鼎市，西邻泰顺县，北与平阳、文成两县接壤，素有浙江"南大门"之称。苍南处于大陆黄金海岸线的中段，交通便捷，基础设施完善。玉苍山风景绚丽多彩，是国家森林公园；168公里黄金海岸线，沿线自然风光优美和水产资源丰富。这些都极具发展建设优势。

2. 丰富的文化资源

苍南依山傍海，资源丰富，自然风光秀美奇丽，境内名山秀山众多，人文景观底蕴深厚，拥有"蒲壮所城"国家级文保单位、世界矾都国家矿山公园、碗窑古村落、玉苍山国家级森林公园、"滨海－玉苍山"省级风景名胜区，沿海有霞关、舥艚、炎亭等多个深水良港，沿海沙滩、岛屿众多，其中渔寮大沙滩是亚洲大陆架上最大的沙滩之一。苍南历史悠久，人才辈出，民间尚武之风浓厚，南拳至今流行不衰，历史上曾出现过七个武状元，曾涌现出抗倭义士陈后英、革命先烈王国桢、当代商界传奇人物王均瑶，还出过大学问家苏渊雷和不少武术冠军，可谓风流荟萃，人杰地灵。

玉苍山国家森林公园俯瞰

（二）精神要素

1. 建设美好家园的愿景

"流来三十六高源，汇作狂澜入海翻。"苍南自古以农业种植为主，境内横阳支江、江南等河道以及蒲江水，哺育了平畴沃野，鱼粮并丰；但地处山海之间，每遇台风暴雨，诸山之水汇于南港、江南、马站平原，又常使人畜遭厄、庐舍为墟；由于科技水平有限，生产力长期处于落后状态。1949年后，苍南人民致力于水利建设，实行现代化农业，积极推动工业、旅游业的发展，建设美好家园，建设新时代"浙江美丽南大门"。改革开放四十多年，苍南人民不断奋进，使苍南发生了翻天覆地的变化，经济效益逐年提升，为未来的建设打下了坚实的基础。

2. 追求卓越发展的拼搏奋斗精神

苍南地处山陬海隅，苍南人民秉着业精于勤、实干无敌的拼搏精神，艰苦奋斗，放眼全局，放眼未来，不断寻求发展机会，主动融入发展大局，全力跟上发展大势，始终把争创一流、勇当标兵作为目标和追求，全面对标建设"重要窗口"新目标新定位，深入开展争先创优和"三强两促"活动，全力冲刺"半年红""全年红"，奋力夺取"两战赢"，努力在新一轮发展竞争中走在前列、勇立潮头。苍南的今天，是一代代苍南人干出来的，苍南的明天，同样需要靠奋斗来开创。

3. 勇立潮头，敢为人先的创业创新精神

苍南作为"温州模式"的重要发祥地，建县以来，苍南人民始终秉持"敢为人先、特别能创业创新"的温州人精神，创造了十多个全国改革第一，实现了从无到有、从小到大、从弱到强的历史性跨越。苍南通过自身的努力，开辟了一条具有苍南特色的发展之路。在这条发展之路中，苍南人展现了他们独特的苍南精神，只争朝夕、不负韶华，不断书写新时代温州创新史，为高质量建设"浙江美丽南大门"

谱写绚丽的篇章。

4. 统筹协调的发展理念

统筹协调发展，要保证经济社会、城乡区域等重大关系在总体上达到相互适应、相互协调、相互促进。苍南在现代化发展中坚持统筹协调的发展理念，推动城区能级显著提升，扎实推进乡村振兴，在融合发展中加速城乡蝶变，加快补齐基础短板，实现社会组织系统各要素之间的自我调节、自我应变、自我完善，致力于缩小各领域差距，推动各项事业全面发展。

（三）制度要素

1. 全面深化改革的目标

苍南不断弘扬"敢为天下先"的苍南人精神，以改革开路，以创新破题，坚持先行先试，在深化改革中激活发展动能。全力推动"最多跑一次"改革向纵深发展、各领域改革向深处发力，让群众更便利，市场更具活力。苍南近三年累计承接国家和省级改革试点20余项，其中全科医生"县管乡用"、抗台防台"六防"体系、养殖用海"三权分置"等改革经验得到国家和省、市的充分肯定，开创性地圆满完成了龙港撤镇设市改革，所辖的龙港镇由建制镇直接升格为县级市。

2. "倾听民声，增进民生福祉"的服务制度

在高质量建设"浙江美丽南大门"过程中，苍南坚持倾听民声，为民服务，在共建共享中增进民生福祉。苍南着力深化脱贫攻坚，在全省首创扶贫资金"折股量化"模式，推动"输血"救助向"造血"帮扶转；不断提升公共服务，先后创成中国童谣文化之乡、国家卫生县城和省级文化先进县、教育基本现代化县、体育强县；持续夯实平安基础，强力开展扫黑除恶专项斗争，连续四年成为省平安县，"大榕树警务"成为新时代"枫桥经验"全省样板。

大榕树警务

（四）语言与象征符号

"浙江美丽南大门"称号。在新

时期的苍南建设"浙江南大门"的过程中,全县上下通力合作,创造了很多新的治理和建设经验,并且在这个过程中,及时总结提炼出简洁生动的口号和命名,例如:"浙江美丽南大门"的提法,全科医生"县管乡用"、抗台防台"六防"体系、养殖用海"三权分置"、"大榕树警务"等改革经验的提法,得到国家和省、市的充分肯定;再比如像"三强两促"活动,全力冲刺"半年红""全年红",奋力夺取"两战赢"等说法和宣传,不但言简意赅,而且响亮有力,能起到很好的鼓舞和凝聚人心的作用。

二、文化元素核心基因提取

苍南县独特的地理位置及境内丰富的历史文化资源是成为"浙江南大门"的基础要素；苍南人民建设美好家园的愿景、寻求卓越发展的奋斗精神、敢为人先的创业创新精神是推动"浙江南大门"建设的重要力量；统筹协调的发展理念、全面深化改革的目标、倾听民声、增进民生福祉是高质量谱写"浙江南大门"建设新篇章的关键所在。

三、文化元素核心基因评价

浙江南大门文化基因评价依据

评价项目	评价因子	评价依据（特点）	是否
生命力评价	文化基因存续的时间	自出现起延续至今，未曾明显中断	√
		自出现起延续至今，但多次衰微、中断后复兴	
		曾明显衰败，改革开放后开始复兴或历史溯源关键环节缺失，难以考证	
		文化形态主体已灭失，现存部分痕迹	
	文化基因的稳定性	在发展过程中保持相当稳定的状态	√
		在发展过程中存在明显的精神内涵、表现形式剧变	
凝聚力评价	文化基因的凝聚力及社会动员效果	曾广泛凝聚区域群体的力量，显著推动过社会经济文化的发展	√
		曾部分凝聚起区域群体力量，对社会经济文化的发展产生过影响	
		凝聚过力量，创造过实际的发展动能，但未见对社会经济文化发展产生显著改变	
		仅在历史文献或口耳相传中存在，未见实际介入社会经济发展	
影响力评价	辐射的范围	具有全国性、世界性的影响力	
		具有长三角区域、浙江省影响力	√
		具有市县、乡镇影响力	
	提炼的高度	已经被古代文人士大夫和当代学者提炼为精神符号和理念理论	
		单纯的样式、造型、工艺技术规范	

续表

评价项目	评价因子	评价依据（特点）	是否
发展力评价	与当代精神追求和价值观念的契合	传统文化基因得到创造性转化、创新性发展；区域革命文化基因被完整继承、广泛弘扬；区域社会主义先进文化基因成为与浙江"三个地"相适应的文化高地	√
		部分转化、部分弘扬、部分发展	
		难以转化、难以弘扬、难以发展	
说明：基因特点评价是对解码出来的基因，根据本《导则》表 2 的要求，围绕"四个力"逐一对表打"√"，进行定性表述			

（一）生命力评价

苍南地处浙江省最南端，因特殊的地理位置而被形象地誉为"浙江南大门"，而这一称誉早已超越地理概念，在当代焕发新的生命活力。苍南县以打造"浙江美丽南大门"为目标，为苍南的未来发展明确了定位、指明了方向，苍南以高质量谱写"浙江美丽南大门"建设新篇章，为浙江打造"重要窗口"贡献更多苍南力量。

（二）凝聚力评价

"浙江美丽南大门"凝结了苍南人民建设美好家园的无限愿景，包含了苍南人民寻求卓越发展的奋斗精神，见证了苍南人民敢为人先的创业创新品质，建设"浙江美丽南大门"加强了苍南地方社会的情感凝聚力，增强了全体苍南人的价值认同和发展认知，为共建共享美好幸福家园而奋斗。

（三）影响力评价

苍南县在"浙江美丽南大门"建设中，突出抓重点补短板、争先进树亮点、重实干强担当，切实落实既定目标任务，苍南县经济社会发展呈现良好态势，向广大苍南人民交出了一份漂亮的"成绩单"。近年来，苍南县在全国影响不断扩大，多次入选"中国县域经济百强县""全国县域旅游综合实力百强县"，实现了从欠发达县到百强县的精彩蝶变。影响力在全国不容小觑。

（四）发展力评价

苍南自建县以来，全县人民秉持敢为人先的创业创新精神，奋力寻求多元发展，创造了多个全国改革第一，实现了从无到有、从小到大、从弱到强的历史性跨越。在未来的发展中，苍南不仅要建设"浙江美丽南大门"，还要通过"浙江南大门"的地理优势，作为连接海西经济区和长三角经济区的重要节点，积极融入国家和省、市战略布局，不断优化工作环境、生活环境、创业环境，谋大引强、广聚英才，在"走出去"和"引进来"的深度竞争合作中实现更大更好的发展。

四、文化元素核心基因保存

（一）文献与相关研究

苍南县委政研室：《苍南：补短板促发展，打造浙江美丽南大门》，《政策瞭望》2016年第8期。

陈永光：《加快建设新时代"浙江美丽南大门"全力打造共同富裕示范区县域样板》，《政策瞭望》2021第8期。

萧耘春主编、苍南县地方志编纂委员会编：《苍南县志》，浙江人民出版社，1997年。

简少微主编、苍南县地方志编纂委员会编：《苍南县志1981—2005》（上下），西泠印社出版社，2014年。

（二）影像资料

《最是浙江红·同行共富路——苍南篇》，2021年中共温州市委宣传部、温州市人民政府新闻办公室主办，温州广电传媒集团新闻综合频道承办。

王均瑶

玉苍之南 苍南文化基因

王均瑶

"胆大包天"的王均瑶

在中国改革开放的前 30 年历程中，有一个说法是用来形容温州人的，它就是"胆大包天"。而这"胆大包天"的壮举正是一个叫王均瑶的苍南商人创下的。

1966 年，王均瑶出生于温州市苍南县的大渔镇渔岙村（旧称小岙村）的一个贫困家庭，父母务农和从事渔业，家里人口多。王均瑶初中就辍学并开始打工补贴家用，16 岁的他就跟着师傅跑业务卖"不干胶"。1988 年，王氏三兄弟开始做生意。在创业过程中，他们从事过各种行业，例如在广州批发牙膏、牙刷，然后带回温州包装后出售给宾馆。

1990年9月，亚运会在北京举办，王氏三兄弟把握机遇，参与了亚运会旗帜、徽章、招贴画的供应，完成了第一桶金的原始积累。随后，王均瑶因为同乡的一句玩笑话，决定包飞机，以解决在长沙做生意的温州人长途跋涉回乡之苦。1991年7月28日，一架苏式"安24"型民航客机从长沙起飞，平稳地降落于温州机场。王均瑶"胆大包天"事件被媒体誉为改革开放的经典案例广为流传，正是这样的激情与初心，让"飞天梦"不断翱翔。1992年，国内首家民营包机公司——温州天龙包机有限公司成立；2002年，均瑶集团作为民营企业从"边缘"首次进入民航主业——入股东航武汉有限公司。2004年，王均瑶英年早逝，留下了价值35亿的均瑶集团。之后，王均金带着兄长的遗志，接任集团董事长职务，从幕后走到台前，带着三弟王均豪继续着飞天事业。2005年6月，均瑶集团获准筹建上海吉祥航空，次年9月实现首航；2014年2月，由吉祥航空控股设立的九元航空经国家民航局批准在广州筹建，当年实现首航。

王均瑶逝世后，在他的葬礼上有两句挽联："忆当年胆大包天名震四海成改革英雄；看今朝英年早逝声撼神州得百年美誉。"这短短的两句话浓缩了王均瑶传奇而短暂的一生。在短短十几年的时间里，王均瑶凭借个人杰出的商业才能和资本运作，创建了均瑶集团，同时他还积极奉献社会，参与各种社会活动，热心多种社会公益事业。无论是参加公益，还是扶持西部计划，抑或是帮助弱势群体，王均瑶都首当其冲。王均瑶不但谱写了自己生命的财富创奇，也成为浙商和温州人精神的时代代表和象征符号。

一、文化元素分解

（一）物质要素

1. 渔岙村的自然与人文历史环境

王均瑶的出生地和成长地苍南渔岙村，属于苍南大渔镇。大渔镇地处海滨，历史悠久，人文荟萃，在北宋时已是非常繁华的商贸港埠，明、清、民国时期更是浙闽海运的中转站，大批货物在此南下北上。现在镇所辖的南行街村和北行街村，现简称南行和北行，村名即来源于两条老商业街。原南行街村和北行街村合在一起俗称大渔，是大渔镇镇政府所在地，大渔镇名也来源于此。渔岙村还拥有二百多年的抗倭历史，城堡烽燧

渔岙村修复的抗倭城墙

至今仍保存较好，曾经是金乡卫抗倭的前哨之地。村庄东南大烟墩山上尚存建于明初的烽火台和堠台，是苍南县第二批文物保护单位。村庄后面有两条保存完好的千年古道。苍南民间流行南拳，多习武之人，民风彪悍大胆，再加上悠久的商业传统，其中杰出的人物如王均瑶者，遇到合适的机缘，便会大放异彩。

2.家境贫寒，兄弟较多，创业期正值温州民营企业的起飞年代

王均瑶的家乡渔岙村，在20世纪六七十年代还比较落后。王均瑶的父母早年主要靠打鱼和务农为生，家中有三个男孩，王均瑶为长子，父母无力供他长期读书。王均瑶16岁时，正值1980年代温州的民营企业开始起飞的时期，他初中即辍学，到温州的一家印刷厂做学徒，打工补贴家用。这种谋求生存的原动力，是王均瑶早期投身商业的直接原因。

（二）精神要素

1.温商早期"什么赚钱干什么"的务实从商精神

王均瑶早年是因为生计问题离乡外出打工，最初的时候是跟随一位师傅当学徒，但他很快发现做销售员更赚钱，于是他就拜师学习，转行当销售员。王均瑶凭借着聪明的头脑，以及勤奋执着，很快让他成了印刷厂销售员的业绩第一名。有了一些资金之后，王均瑶本着"永远不要打工，大小都要做老板"和"什么赚钱干什么"的温州人生意理念和原则，开始做一些小生意，他和王均金、王均豪两位弟弟从事过各种行业，例如在广州批发牙膏、牙刷，回到温州包装后出售给宾馆。通过经营酒店业、印刷业等，不断给自己积累经验和人脉。直到1990年，王均瑶赶上了创业的大好时光，在北京亚运会期间大赚了一笔，已经发家致富的三兄弟继续把目光投向更赚钱的领域。

王均瑶像

2.敢想敢干，不断克服困难，勇往直前的大胆创新精神

王均瑶最具传奇色彩的壮举就是

"胆大包天"——在他25岁时成为"中国私人包租飞机第一人"。据说王均瑶是在一次回乡过年的途中，偶然听到乘坐包车的同乡说的一句"包飞机"的玩笑话，竟开启了王均瑶承包飞机的想法。他说干就干，经过大半年的奔波，凭着坚韧不拔的精神，盖了100多个图章之后，王均瑶开创了历史先河——在1991年7月28日，王均瑶以其惊人的胆魄承包开通了长沙至温州的航空包机航线；在1992年创办了中国第一家民营包机公司——温州天龙包机有限公司，之后相继开通了全国各大城市50多条包机航线。当时，就连美国《纽约时报》也预测，王均瑶的胆识和魄力，将引发中国民营经济的腾飞。王均瑶也成为享誉全国的青年企业家。在2002年3月，王均瑶以18%的股份入股东方航空武汉有限公司，使其公司成为中国第一家投资国家民航主业的民营企业。2003年又投巨资购买和重新改造了湖北宜昌机场，自此进入国家民航主业，航空服务也成为均瑶集团的主营业务之一。

3. 机敏灵活，对商业机遇的敏锐判断力和创造力

王均瑶私人承包飞机的壮举依赖他对商业机遇的敏锐判断力，除了此事件之外，另外的几个转折点也是王均瑶这一能力的体现：1993年，王均瑶投身乳业经营，源于他发现在当时的中国人喝酒比喝牛奶多，他认为随着人们生活水平和观念的改变，乳业在未来会有很好的发展前景，他在当时"一杯牛奶强壮一个民族"的口号感召下，在全国建立乳业生产基地，销售网络遍及全国，均瑶乳业开始起步。1995年5月创建温州均瑶集团有限公司，集团化经营的格局形成。

王均瑶思维不拘一格，不但善于发现商业新机遇，还敢于大胆创造新机遇：1998年，他在家乡温州以平均每辆68万元的价格拍得了上百辆出租车的经营权，让每辆出租车上都载有"均瑶"的标志，他的账是这么算的——让每个到温州的人总能先见到"均瑶"，满地跑的是"均瑶"品牌，能使市场的知名度打开，这是一笔巨大的无形资产。王均瑶不但利用出租车的形式为集团宣传，他也注意与各种媒体保持接触，善于利用媒体宣传，为自己在商场上的竞合收购造势和守势，这些都为他的商业帝国增添了砖瓦。

4. 事必躬亲，认真负责的工作态度

王均瑶身上带有明显的"浙商印记"，不但大胆而且敢于创新，还注重实践，亲力亲为。据报道，他是个典型的工作狂。他不但安排公司股权的处理，对家属、亲友、高层、员工等也都一一安排；在浦东购置地皮时，他拿着地图开着车前往实地勘测，还自己一步一步地丈量；公司装修，用什么油漆，买什么样的家具，事无巨细他都一一过目；只要他离开数日，回来之后找他审批签字的人就会排成长队……事必躬亲，认真负责，用他自己话说就是："一个真正的企业家，不能只靠胆大妄为东碰西撞，也不可能是在学院的课堂里说教出来的，他必须在市场经济的大潮中摸爬滚打，在风雨的锤炼中长大。"这种兢兢业业的品质，使得均瑶集团的事业很好地朝着王均瑶制定的战略方向发展。

5. 紧随势变，不断调整战略、随机应变的资本运作能力

王均瑶在均瑶集团主要负责战略和投资置业。在均瑶集团发展到一定规模之后，他去到上海，发现了自己的局限和上海的广大和繁华，于是，1999年，王均瑶决定把集团总部从温州迁到上海，成为温州知名企业中的"吃螃蟹者"。2001年，均瑶集团在浦东康桥买下200多亩地，准备把上海总部放到这里。2002年10月10日，均瑶集团又以3.5亿元收购了上海徐家汇肇家浜路上一栋总面积8万平方米的大厦，也就是现在的"上海均瑶国际广场"（还有一说是以5.5亿元收购），成为上海首座以民营企业命名的甲级商务楼。紧接着又收购了无锡商业集团。2003—2004年期间，均瑶集团的投资活动还包括：在上海康桥建设一座高尔夫酒店，于2003年底动工，投资在5个亿以上；宜昌的"均瑶国际广场"据说也是一座5星级标准的酒店和商住楼，投资也在5个亿以上。

除了在合适时机置业投资、谋求升值之外，均瑶集团还不断通过资本运作拓展主营业务。2002年3月8日，均瑶集团以1.26亿的资本入股武汉航空公司，8月18日与东航、武航和武汉高科共同组建的"东方航空武汉股份有限公司"在武汉挂牌。同年4月3日，均瑶出资1000万元的丰润均瑶乳品有限公司在河北省丰润县注册成立。这一系列极具商业眼光和胆识的资本运作，使王均瑶的商业版图极速扩张，在短短的时间里便积累起上百亿的财富。

6. 好义为公的热心奉献精神

王均瑶明确地意识到，在经济社会中，创办民营企业，肯定要赢取一定的经济效益，才能生存与发展。但他在讲究经济效益的同时，更注意社会效益。王均瑶早年因家境贫寒，初中未毕业即辍学，这使他对教育事业情有独钟。他曾捐资20万元，在苍南县藻溪镇建立了均瑶小学。在1994年全国少工委发起的跨世纪雏鹰行动中，他捐资60万元；在1996、1997年"六一"儿童节，他捐资150万元，分别设立浙江省和温州市"少先队奖励基金"。1996年以来，先后捐资125万元，分别在家乡藻溪镇和灾区建设"希望小学"，并一直负责资助30名贫困学生完成学业。从2000年开始，他还响应中国光彩事业的号召，参与了三峡光彩事业行，在这里投资建乳品厂，推广万户移民养牛计划，为三峡移民提供就业机会。2003年，王均瑶响应国家的西部开发政策，捐款1000万设立了"大学生志愿服务西部计划均瑶基金"。他表示，没有党的关心和帮助，民营企业难以做大、做强，所以对党和国家有深厚的感情。王均瑶生前累计捐资1000多万元，创办社会公益事业，扶助弱势群体。

王均瑶除了直接的慈善捐助，在处理集团的发展运作之外，日常还积极参加社会活动，拥有多达15项社会职务。王均瑶还让自己的企业成为中共党建的试验田。在他的支持和努力下，均瑶集团成立了直属上海市社会工作党委的第一家民营企业党委，集团成为中共上海市委探索新经济组织党建工作的研究课题。据报道，2003年11月，在商会的会刊《新浙商》出刊前，他跟编辑们一起奋战了5天5夜，为了会刊的发刊词逐字逐句地推敲、修改，为了一个标题、一张图片说明而通宵达旦。他曾经这样开诚布公地袒露："我知道，人们推举我是因为我热心，是因为我愿意为大家做点事情。"而作为普通人，他留给自己及家人的时间太少，以至于没有时间去逛商店或娱乐，偶尔得以带孩子去必胜客排一小时队，就觉得是找到了做人的乐趣。

在2003年短短一年时间里，王均瑶身体力行各种活动，投入大量的人力、物力和财力。据身边人透露，就连在住院的最后一段时光，还经常看见他拖着疲倦的身子去公司主持工作，为上海浙江商会的事情颠簸操劳。王均瑶通过这样日复一日、年复一年的辛苦工作，虽然让他积累了巨额的财富，但也牺牲了他的身体健康，最终在38岁的壮年因肠癌不治辞世。

7. "兄弟同心，其利断金"的理念

王均瑶和他的二弟王均金、三弟王均豪不但是血缘上的亲兄弟，而且还是商业上关系无比紧密的伙伴和搭档。王均瑶在早期积攒了一些小本钱之后，就和二弟三弟一起开始经商创业，他们不但一起经历了"什么赚钱干什么"的早期摸爬滚打阶段，在包机公司和均瑶集团建立之后，王均瑶都一直有意识的提携和锻炼两位兄弟。据公开资料显示，王均金于1991年起即担任温州天龙包机实业有限公司经理，在2002年即担任均瑶集团副董事长、总裁；王均豪于1992年也担任温州天龙包机有限公司业务经理，1999年担任均瑶集团有限公司副总裁。王均瑶曾公开表示，他二弟是负责整个集团，三弟是负责乳业板块，自己则是主管公司战略和置业的。

可见，王均瑶一直都在和二位兄弟共同创业奋斗和共同进退，在均瑶集团和实际经营中，王均金和王均豪从初期就能独当一面，因此，二弟王均金在王均瑶过世之后，不但能接管均瑶集团，在他的不断努力下，还改革了公司的家族企业体制，将均瑶集团持续推进，组建了吉祥航空公司。

均瑶集团在核心人物王均瑶过世之后，不但没有垮掉，还能持续发展和壮大，和王均瑶生前对待两兄弟的态度是分不开的。这种兄弟情谊，虽然是基于中国人传统的家族观念和制度，但在商场上既能维持兄弟情谊，在利益上也能分割清晰，还有赖于清醒的制度安排。均瑶集团作为曾经的一个家族企业，后来在内部建立起创业基金制度，尽量将人情与能力兼顾，实行不禁止有能力的亲属上，没有能力也不剔除的原则，这种制度安排，可能与王均瑶三兄弟长期共同创业和奋斗的经验是分不开的。

8. 谋求长远，家族企业现代化的价值理念

王均瑶从一个出身渔村的穷小子，离乡谋生成为销售员，到"什么赚钱

做什么"的温州小老板,再到成立温州天龙包机实业有限公司成为大老板,再到组建均瑶集团成为企业家,均瑶集团所有的资产都是王均瑶一手一脚打拼出来的,因此他在集团内部具有绝对的权威地位。但王均瑶在事业做大之后,一直想让企业脱离家族式管理。在均瑶集团2000年将总部迁到上海后,就引进了高素质职业经理人,他自己也逐渐退出具体的经营业务,只负责公司战略与置业。在王均瑶过世之后,王均金按照王均瑶的设想,不但引进职业经理人,进一步改革家族企业的结构和体制,还按照他的设想实现了股权"三三制"——三分之一为家族持股,三分之一为企业高管持股,三分之一为社会公众持股,快速向现代化企业迈进,践行"均瑶是我们的,也是社会的"价值理念。

近年来,王均金带领均瑶集团,先后投入10多亿元用于教育事业、公益活动和慈善事业。均瑶集团不仅向着"百年老店"努力,更要把它打造成"金字招牌"。王均金和均瑶集团顺应了改革,也推动了改革,延续着温州人创业创新的壮举。

(三)制度要素

1. "挂户经营,敢为天下先"的创新模式

英雄往往离不开时势的造就。早在王均瑶闯出名堂前的1980年,改革开放的热潮就在浙南大地兴起,金乡镇农村信用社率先进行"议价利率",开创了我国浮动利率改革的先河。以后,金乡人也以挂户经营、浮动利率等大胆的创举而名扬全国,龙港建成中国第一个农民城,等等。温州苍南人敢为天下先的举措被写进了改革开放的历史,成为温州模式重要的组成部分。王均瑶在这样的情势和环境下成年和开创自己的事业,加上他的个性和商业才能,可谓正逢其时。

2. 大胆突破旧制度,通过民营资本,践行"承包制"和"股份制"

1991年7月28日,王均瑶承包了长沙至温州的航线,首开中国民航私人包机的先河,从地方到中央的各大新闻媒体纷纷报道,一时轰动中外。1992年4月5日建立温州天龙包机实业有限公司。同年8月,开辟了包括温州至贵阳、温州至昆明的5条航线。1993年4月,又与上海航空公司共同开辟温州至上海的又一班航班。1995

年3月，东华通用航空有限公司获准筹建。该公司系中国民航局建立新体制和新组织形式的试点单位，由东方航空集团公司、浙江民航省局、温州民航站和温州天龙包机实业有限公司四家单位合股组建，其中天龙包机实业有限公司的股份占33.3%。1995年7月，王均瑶建立温州均瑶集团。该集团是一个拥有7个分公司和参股公司组成的多元发展的集团公司，王均瑶任集团总裁。至1999年，经过7年多的发展，公司与国内20多家航空公司合作，共包下了内地及香港的40条航线，每周多达400个航班。

如今回顾，恐怕当年谁也不能料到20世纪80年代中后期，离开家乡渔岙村、加入温州十万购销大军的王氏三兄弟，在中国经济体制改革初期的摸爬滚打之后，竟成了中国改革开放的先锋人物。——"当时我们自己也没有预料到，我们的拼搏会成为民间力量突破旧体制的急先锋，成为践行改革开放的排头兵。"王均金在二十多年后对记者这样说。媒体也曾经这样评论过王均瑶的包机行为："他叩开了自计划经济以来中国民航格局的森严壁垒，打破了中国民航业务的计划经济坚冰。"

（四）语言与象征符号

"胆大包天"等词汇和说法。关于王均瑶，因为他生前的种种壮举和所创造的财富传奇，像"胆大包天""均瑶集团""均瑶基金"这一类的说法和命名，都已经成为王均瑶本人和他所代表的温州商人的精神象征符号，具有非常广泛的认可度和辨识度。

二、文化元素核心基因提取

出生小渔村,"胆大包天"白手起家的温州企业家王均瑶,不但具有敢想敢干、克服困难、勇往直前的大胆创新精神,还机敏灵活,具有对商业机遇的敏锐判断力和创造力;率先实行"承包制"和"股份制",与兄弟王均金、王均豪一起同心协力,共同谱写了独属于温州商人的财富传奇;王均瑶同时还热心公益,积极为社会作贡献,帮扶弱势群体,成为温商甚至是浙商的时代代表和精神符号。

三、文化元素核心基因评价

王均瑶文化基因评价依据

评价项目	评价因子	评价依据（特点）	是否
生命力评价	文化基因存续的时间	自出现起延续至今，未曾明显中断	√
		自出现起延续至今，但多次衰微、中断后复兴	
		曾明显衰败，改革开放后开始复兴或历史溯源关键环节缺失，难以考证	
		文化形态主体已灭失，现存部分痕迹	
	文化基因的稳定性	在发展过程中保持相当稳定的状态	√
		在发展过程中存在明显的精神内涵、表现形式剧变	
凝聚力评价	文化基因的凝聚力及社会动员效果	曾广泛凝聚区域群体的力量，显著推动过社会经济文化的发展	√
		曾部分凝聚起区域群体力量，对社会经济文化的发展产生过影响	
		凝聚过力量，创造过实际的发展动能，但未见对社会经济文化发展产生显著改变	
		仅在历史文献或口耳相传中存在，未见实际介入社会经济发展	
影响力评价	辐射的范围	具有全国性、世界性的影响力	√
		具有长三角区域、浙江省影响力	
		具有市县、乡镇影响力	
	提炼的高度	已经被古代文人士大夫和当代学者提炼为精神符号和理念理论	√
		单纯的样式、造型、工艺技术规范	

续表

评价项目	评价因子	评价依据（特点）	是否
发展力评价	与当代精神追求和价值观念的契合	传统文化基因得到创造性转化、创新性发展；区域革命文化基因被完整继承、广泛弘扬；区域社会主义先进文化基因成为与浙江"三个地"相适应的文化高地	
		部分转化、部分弘扬、部分发展	√
		难以转化、难以弘扬、难以发展	

说明：基因特点评价是对解码出来的基因，根据本《导则》表2的要求，围绕"四个力"逐一对表打"√"，进行定性表述

（一）生命力评价

王均瑶来自苍南渔岙村，这里曾是金乡卫的抗倭前沿，自古是海防重镇；解放后又面对台海，一直是前线。这里没有大工业，年轻人必须走出去自谋生路。前辈淘海、抗倭筑就的不屈不挠的禀赋，也传承给了这些后代，让他们表现得特别有闯劲，这在王氏三兄弟身上特别能表现出来。王均瑶及其兄弟在创业过程中，完全是白手起家，凭借个人胆识和杰出的商业触觉，奋斗腾挪，不拘一格，大胆创新，勤于创业，这才成就了他们的财富传奇。王均瑶创建的均瑶集团，在二弟王均金的带领下，不但正向着"百年老店"进发，持续发展，还要打造成"金字招牌"。王均金和均瑶集团顺应了改革，也推动了改革，延续着温州人创业创新的壮举。王均瑶的精神和三兄弟创造的均瑶集团都有极强的生命力，已经成为浙商精神的代表和精神符号。

（二）凝聚力评价

均瑶集团成立于1991年7月，已走过了三十多年的发展历程，名列中国民营企业百强。在涉及的各个经营领域中，都有

很强的凝聚力和号召力，并致力于逐步成为具有国际视野的现代服务业百年老店。王均瑶身上所体现出的上述浙商精神，更是凝聚和影响了不计其数的创新创业者，具有无法估量的价值和意义。

（三）影响力评价

王均瑶的影响力主要是体现在三个方面：首先是他创立的均瑶集团的影响力。均瑶集团以航空运输、营销服务为主营业务，并涉及置业和投资等领域。集团规模5000人左右。2020年9月10日，入选全国工商联发布的中国服务业民营企业100强榜单。在商界是不可忽视的力量。

其次是王均瑶的社会活动影响力。王均瑶在世时，积极参加社会活动，身兼15个社会职务，自1994年起，王均瑶先后荣获"全国第四届经营之光杯特等奖""温州十佳青年""全国优秀青年乡镇企业家""全国优秀共青团员""上海市十佳青年"等称号，被团中央、团省委授予"星星火炬"荣誉奖章，并被列入《温州企业家创业风云录》和《中外名人辞典》。1998年，被评为"温州改革开放20年十大风云人物"。王均瑶还担任过全国政协第十届委员、全国青联委员、浙江省青联常委、第六届上海市浙江商会会长、浙江省第九届政协委员、浙江省青年企业家协会副会长、温州市青联副主席等众多的社会职务。

再次，王均瑶生前的慈善举措影响力巨大，累计捐资1000多万元，创办社会公益事业，扶助弱势群体，不遗余力。在1994年全国少工委发起的跨世纪雏鹰行动中，他捐资60万元；在1996、1997年"六一"儿童节，他捐资150万元，分别设立浙江省和温州市"少先队奖励基金"。1996年以来，先后捐资125万元，分别在家乡藻溪镇和灾区建设"希望小学"，并一直负责资助30名贫困学生完成学业。2003年，捐资1000万元，设立"大学生自愿服务本部计划均瑶基金"，帮助了很多弱势群体，赢得良好的社会声誉。

最后是王均瑶的精神影响力。如前文所述，王均瑶的精神正是新时代温州商人和浙江商人的典型内容，因为他的这些精神和商业成就，王均瑶已经成为时代的符号和浙商的精神代表，具有无法估量的全国性的影响力，而且这种影响力将持续影响着无数中国人的创新和创业、财富创造，继续推动中国的改革开放和时代进步。

（四）发展力评价

王均瑶创立的均瑶集团在王均金的带领下，正向"百年老店"的方向努力，具有持续的发展力；王均瑶的精神以及他所谱写的财富传奇，具有鲜明的时代特色和巨大的精神价值和意义，对后来人具有持续的影响力和激励作用。王均瑶的精神和财富传奇具有较大的转化利用潜力。

四、文化元素核心基因保存

（一）实物保存

渔岙村王均瑶故居、均瑶集团、均瑶慈善基金等。

（二）文献及相关研究

季明、张乐：《"胆大包天"的浙商精英——追记均瑶集团董事长王均瑶》，《中国乡镇企业》2004年12期。

阿彬：《"胆大包天"——访均瑶集团董事长王均瑶》，《中国中小企业》2002年06期。

陈墨：《38岁的王均瑶两手空空而去，王均瑶留下了什么？》，《河北企业》2005年01期。

冯欢：《王均瑶：最累才能最有成果》，《三月风》2006年06期。

谢俊：《王均瑶的天与地》，《中国企业家》1999年05期。

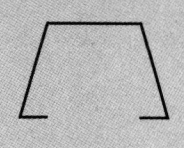

苍南方言

玉苍之南　苍南文化基因

苍南方言

方言是地域文化的重要载体，承载着当地重要的历史文化信息，是了解地域文化的重要窗口。苍南地区方言丰富、特色鲜明，是当地的一张"活"名片。问世于民国十四年的《平阳县志》把全县方言分为五种：瓯语、闽语、土语、金乡语、畲民语。现在，这五种方言在苍南县都保存了下来。

瓯语即温州话，是吴语的一个分支，是苍南地区重要的方言之一，苍南县大约有五分之一的人口使用这种方言，人群主要分布在苍南县东北部，以龙港镇、宜山镇为代表。

其中蒲门话被认为是吴语区中的瓯语支系，但它和苍南瓯语有着较大的差异，只限于蒲门城内民众沟通使用。原因在于蒲城历史上是兵家重城，驻守的将士大多来自浙北和苏南，温州地区以及闽南后裔，各种方言在此交汇，形成了特殊的方言。

闽语是苍南分布最广、讲述最多的方言。人群主要分布在灵溪、藻溪、桥墩、矾山、赤溪、马站、金乡、钱库等乡镇大部分地区，约占全县总人口一半多。闽南语最初随福建泉州、漳州的移民进入苍南，融合当地方言，形成了"苍南闽语"，与福建本土的"闽南语"已经有了较大的差异。

土语又称蛮话，全县有大约四分之一的百姓使用蛮话，人群主要分布在苍南东部沿海地区，江南片的钱库、金乡、龙港等乡镇。蛮话被认为是苍南地区的土著语，但从其主要讲述人群来看，它是闽东话被当地土著语言同化的结果。

金乡话，仅限于金乡镇内交流，使用该语言的人数仅三万左右。金乡话是明朝时期北方军队在此驻军遗留下的产物，如今的金乡话是由吴语和官话与苍南方言长期融合而形成的。

畲话，又称畲客话，主要是少数民族畲族的民族语言。畲话随闽东移民传入。苍南的畲民呈"小集中、大分散"的特点，主要居住在西部和南部山区，散居于岱岭畲族乡、凤阳畲族乡、桥墩镇莒溪、腾垟办事处、矾山镇南宋、华阳、昌禅办事处、赤溪镇赤溪社区、中墩办事处、藻溪镇挺南办事处、灵溪镇凤池、沪山办事处、龙港镇平等办事处、马站镇魁里、城门、沿浦、渔寮办事处、钱库镇括山、项桥办事处等地。

一、文化元素分解

（一）物质要素

1. 人口迁移的环境

隶属温州的苍南，以温州话为通用语的人口仅占苍南全部人口的五分之一，这与人口迁移、其他方言的引入有密切关系。

2. 自然地理区域划分

从地理区域上看，以瓯语即本地方言为主要通用语的地区主要集中在苍南县的东北部。浙南闽语主要分布在中、西、南部。蛮话主要分布在东部沿海。都是靠近福建的地区，与人口迁移的路径相对应。畲话随畲民进入苍南，畲话没有与当地语言融合，但畲民"小集中、大分散"的特点，使得畲民大多习得附近使用的通用语，形成了双语制现象。

（二）精神要素

1. "兼收并蓄、开放包容"的精神

语言是文化的载体，是文化的表现方式，对自身语言的认同也是对自身所拥有的文化的一种认同。苍南地区多种方言共存的独特现象，首先体现出民众对于其所拥有方言的一种认同感；其次，对于其他方言的包容也促成了方言之间的磨合，形成了独具特色的苍南方言体系。

2. 移民文化的见证

苍南是浙江省少数民族人口最多的一个县,唐代以来,不同时期移民迁入,留下了许多文化遗产。据史料记载,温州有三次移民高潮,分别发生于唐末五代、南宋乾道年间和明末清初。苍南由于其地理位置,一直都是移民的核心区域。苍南境内的闽南语、瓯语、蛮话、金乡话、畲话正是移民的重要标志。

(三)制度要素

军卫制度的遗留

明朝初年,为加强海防,在金乡建立卫城,在蒲城建立所城,派遣了大量北方官兵前来金乡和蒲城抗击倭寇。目前金乡卫城和蒲壮所城居民所讲方言为当时官兵所讲北方方言和当地方言融合形成的一种方言,这两地方言与城外方言无法交流,形成了独特的"方言岛现象"。"金乡话"的形成和沿用就是典型的例子。金乡话以明代金乡卫军人及家庭的家乡语为母体,杂以平阳土语而成,其使用范围仅限于金乡镇。但它竟能在与母语差异极大、社会交往比较频繁且已经具有一定开放性的环境中使用600年,迄今不衰,堪称不可思议。矾山籍作家黄传会在《中国一个县》中称:"金乡人还可以引以为荣的是他们拥有自己的独特语言——金乡话",它"发音柔和,娓娓动听。我嫉妒地发现,金乡人相互间在用金乡话进行交流时,常常流露出一种优越感"。这种仍在的隐隐优越感,正是金乡卫曾经位居地方社会中心城市的历史记忆;金乡话的这种"遗世独立性",也是封闭严格的军卫制度力量所导致的。

(四)语言与象征符号

1. 方言差别大

苍南五种方言之间语法、词汇不一致,巨大差异导致彼此之间无法沟通交流,所以为了便于沟通,当地人一般都习得两种甚至多种方言,形成了独特的"双语制"或"多语制"现象。

2. 文白异读普遍

在方言中,针对一个汉字会出现"白读""文读"两种读音。简单来讲,"白读"可以理解为说话音,也就是平时用方言交流时的语音;"文读"又称作"读书音",是学堂教书先生教乡里学童读书时的读音。"白读"是方言内部语音自然发展的产物,"文读"是引入的语音。苍南地区方言的"文读"是受北方话影响以及与本民族权威方言向"共同语"靠拢而形成的,在苍南方言中文白异读现象极为普遍。

二、文化元素核心基因提取

  苍南独特的方言体系，承载着苍南的历史与文化，包含着闽南人口迁移的历史，北方军队驻军抗击倭寇的历史，呈现着地方戏剧、曲艺、民歌等民间艺术形式。方言的多样性使苍南形成了独特的"方言岛现象"和"双语制现象"。方言是民众生活中不可分割的一部分，展现着独具特色的苍南文化。

三、文化元素核心基因评价

苍南方言文化基因评价依据

评价项目	评价因子	评价依据（特点）	是否
生命力评价	文化基因存续的时间	自出现起延续至今，未曾明显中断	√
		自出现起延续至今，但多次衰微、中断后复兴	
		曾明显衰败，改革开放后开始复兴或历史溯源关键环节缺失，难以考证	
		文化形态主体已灭失，现存部分痕迹	
	文化基因的稳定性	在发展过程中保持相当稳定的状态	√
		在发展过程中存在明显的精神内涵、表现形式剧变	
凝聚力评价	文化基因的凝聚力及社会动员效果	曾广泛凝聚区域群体的力量，显著推动过社会经济文化的发展	√
		曾部分凝聚起区域群体力量，对社会经济文化的发展产生过影响	
		凝聚过力量，创造过实际的发展动能，但未见对社会经济文化发展产生显著改变	
		仅在历史文献或口耳相传中存在，未见实际介入社会经济发展	
影响力评价	辐射的范围	具有全国性、世界性的影响力	
		具有长三角区域、浙江省影响力	
		具有市县、乡镇影响力	√
	提炼的高度	已经被古代文人士大夫和当代学者提炼为精神符号和理念理论	
		单纯的样式、造型、工艺技术规范	

续表

评价项目	评价因子	评价依据（特点）	是否
发展力评价	与当代精神追求和价值观念的契合	传统文化基因得到创造性转化、创新性发展；区域革命文化基因被完整继承、广泛弘扬；区域社会主义先进文化基因成为与浙江"三个地"相适应的文化高地	√
		部分转化、部分弘扬、部分发展	
		难以转化、难以弘扬、难以发展	
说明：基因特点评价是对解码出来的基因，根据本《导则》表2的要求，围绕"四个力"逐一对表打"√"，进行定性表述			

（一）生命力评价

瓯语、闽语、蛮话、金乡话、畲话自在苍南地区形成，便在此生根发芽，深深扎进当地民众的生活之中，成为民众日常生活的一部分。首先，方言是当地民众沟通交流的必须手段，融入民众每一天的生活中。其次，当地很多文艺活动的呈现也与方言密不可分，比如，闽南话歌谣的《天乌乌》，瓯语歌谣《抬花轿》《送松糕》，蛮话歌谣《月令歌》，金乡话歌谣的《金乡卫城》，畲话歌谣《鸡公上岭》等都是耳熟能详、被广为传唱的方言歌谣。方言扎根于当地民众的文艺活动中。

（二）凝聚力评价

苍南方言根植于当地民众生活的方方面面。语言是形成身份认同感的有力工具，相似的语音语调激发起民众对于共同身份的认可。除此之外，地方戏曲、曲艺、民歌、传说，很多都是以方言为载体，这些艺术形式也蕴含着一种地方性的文化认同。虽然当地存有瓯语、闽语、蛮话、金乡话、畲话五种不同的方言，但其独特的方言体系本身也能够激发出当地民众对于自身身份的认同，方言多样性成为该地区的标签。最后，尽管各种方言之间语法、词汇差异较大，不能够直接交流，但该地区特有的双语制、多语制现象，即民众掌握多种方言，也能够催生出对苍南地区的认同感，增进民众的凝聚力。综上，苍南方言能够很好地凝聚地区力量，推进地方发展。

（三）影响力评价

苍南方言的丰富性相当独特。苍南是浙江唯一拥有五种方言的县，方言多样性可以作为该地区的一张"活名片"增进该地区的影响力。其次，方言可以发挥作为曲艺载体的间接影响力，当地曲艺具有地方特色，地方特色的一种呈现方式就是方言的使用，比如作为浙江省非物质文化遗产的"苍南渔鼓"就是用闽南语进行演唱的，其具有地方特色的表演离不开方言的加持，方言推动着民间曲艺，增进着民间曲艺的影响力，进而增加了该地区的影响力。

（四）发展力评价

苍南方言具有良好的发展前景。首先，方言直接服务于民众的日常生活，便于民众之间的沟通和交流。其次，方言多样性对内形成地区认同感，对外形成独特的地方文化，成为苍南的地方标识。最后，苍南地区每一种方言都极具特色，对于苍南来说，形成其自身丰富的方言体系的同时又丰富了国家语言体系，为国家方言的多样性增光添彩。

四、文化元素核心基因保存

（一）语言保存

目前，苍南方言被广泛使用。瓯语使用人数大约 8 万人，人群主要分布在苍南县东北部，以龙港镇、宜山镇为代表；吴语支系蒲城话使用人数大约 6000，集中于蒲城内；闽南语使用人数大约 50 万，人群主要分布在灵溪、藻溪、桥墩、矾山、赤溪、马站、金乡、钱库等乡镇大部分地区；蛮话使用人数大约 20 万，人群主要分布在苍南东部沿海地区，江南片的钱库、金乡、龙港等乡镇；金乡话仅限于金乡镇内交流，使用该语言的人数 3 万左右；畲话主要为畲族民众使用，苍南现在拥有凤阳、岱岭两个畲族乡，全县畲族人口 2.2 万人，是温州畲族人数最多的一个县，畲族人一般掌握邻近地区方言。

（二）文献及相关研究

温端政：《苍南方言志》，语文出版社，1991 年。

陈庆泛：《苍南方言现状及特点分析》，《语文与文学》2012 年 04 期。

阮咏梅：《浙江沿海明清卫所驻地方言的声母比较》，《宁波大学学报（人文科学版）》2020 年 01 期。

曹志耘：《论浙江方言文化的保护传承》，《浙江社会科学》2021 年 02 期。

（三）影像资料

《金乡卫城》。

《月令歌》。

《点脚歌》。

《抬花轿》。

《送松糕》。

《天乌乌》。

《鸡公上岭》。

《方言的盛宴——苍山玉海六言谣》。

《苍南童谣》。

桥墩月饼

玉苍之南　苍南文化基因

桥墩月饼

桥墩月饼

　　桥墩月饼是指苍南县桥墩镇创制生产的特色月饼,旧称"肉饼""中秋饼",配方独特,属潮式月饼,经几代人的努力、改良和创新,融合福建、广东、浙南三地食风和福鼎、桥墩、莒溪、观美、五凤、腾垟六地饮食习惯,形成了现今的特色美食。桥墩月饼形似一轮满月,造型硕大厚实,皮薄馅多,双面覆有芝麻，色泽金黄，皮脆馅滑，松酥利口，油而不腻，芝香扑鼻，造型、色泽、口感都展现出地道的民间风味。

桥墩月饼饼皮分油皮和酥皮，油皮讲究"薄""香"，酥皮注重"松""酥""脆"，入口即化。馅料有脊膘肉、桂圆肉、蜜枣、青葱、炒花生仁等十几种。桥墩月饼制作工艺复杂，包括和面、配料、拌料、分料、擀皮、包馅、入模压制、脱模、焙烤、冷却、包装等十几道工序。运用了擀、包、卷、切、捏等手法，以及蒸、炸、煎、贴、烤等烹调方法，风味别致。

桥墩月饼作为苍南地方名特产品，是温州小吃重要的组成部分之一，在行业中形成了"丁源兴""林淑盛"等较为突出的老字号品牌。桥墩月饼作为百年来民间长盛不衰的特色糕饼和中秋馈赠礼品，不仅在温州地区大量销售，也在浙闽交界处广受欢迎，其制作技艺对于研究浙南饮食文化的演变与发展具有重要价值。桥墩月饼制作技艺于2012年被列入浙江省省级非物质文化遗产名录。

一、文化元素分解

（一）物质要素

1. 浙闽两地的文化交流与传播

桥墩镇连浙闽两省，接苍南、福鼎、泰顺三县，地理环境优越，交通便利，商贸繁荣兴盛，人口频繁流动。桥墩月饼的制作技艺最初即由丁开泰、林淑盛等人从福建漳州、泉州、福鼎等地学成糕饼技艺归来后，通过改良和创新，融合多地的食风与当地饮食习惯而形成的。

2. 地方物产资源丰厚

桥墩境内自然景观独特、物产丰厚，食文化历史悠久，各种美食和地方特色小吃多样。随着各式糕饼、小吃的陆续出现，原料、制法、品种日益丰富，从而直接推动了本地食文化的发展。桥墩月饼用料十分多样，包括脊膘肉、猪油、桂圆肉、蜜枣、青葱、冬瓜条、炒花生仁、芝麻等十几种，均就地取材。

（二）精神要素

月圆人满的美好祈愿

桥墩月饼属季节性地方特色糕饼，每年中秋节前赶制、销售，是时令性强而又具象征意义的食品，桥墩月饼形似一轮满月，寓意合家团圆与生活甜蜜，人们把它当作中秋食品，用它祭月，用它赠送亲友，将美意与祝愿寓于美食之中，谱写着传统佳节的诗意与情意。

（三）制度要素

1.精益求精的古法技艺

桥墩月饼属潮式月饼，后经几代人的努力、改良和创新而成，其制作仍保持着传统的技艺，制作流程包括和面、配料、拌料、分料、擀皮、包馅、入模压制、脱模、焙烤、冷却、包装等十几道工序，投料先后有序，制作十分考究，运用了擀、押、包、裹、卷、切、捏等加工手法，以及蒸、炸、煎、烘、贴、烤等烹调方法，月饼皮薄馅多味美，风味别致，色、香、味俱全。

2.馈赠及祭月礼俗

桥墩月饼饼大如盘，形似一轮满月，直径有十几厘米，这与当地礼俗息息相关。在当地，桥墩月饼是外婆送给外孙的礼物，越大越有面子，料足馅厚就代表着情谊珍贵。同时在八月十五月圆之时，苍南人要端出桌椅，把又大又圆的月饼放入竹筛中，周围插上香烛，再摆上各样时令鲜果品——"祭月"，这体现的是人们对月亮的崇拜，对月神的信仰，充满神秘的浪漫色彩。反映"祭月"习俗的有"玉兔拜月"和"嫦娥奔月"这类民间故事和传说。具体的做法一般是：入夜之后，月亮渐渐隐去，则撤去香烛，家中长者将月饼按人数分切成块，每人品尝一块，述尽月满人团圆，这个古老的传统一直延续至今。

传说中的玉兔拜月

（四）语言与象征符号

突出的行业品牌

桥墩月饼是苍南地方名特产品，是温州小吃重要的组成部分之一，形成了"丁源兴""林淑盛"等突出的老字号品牌，这些老字号在坚守传统的基础上，不断改进提升管理模式与生产方式，开发了桥墩月饼传统生产工艺体验区，同时突破了桥墩、苍南的地域限制，走出温州，走向了全国市场，使老字号活出了新活力，在社会上形成了极高的品牌认知度。

二、文化元素核心基因提取

浙闽两地饮食文化的交融及桥墩当地丰富的物产资源；中秋佳节月圆人满的美好祈愿，反映了古老的"祭月"习俗；桥墩月饼精益求精的古法制作技艺；"丁源兴""林淑盛"等突出的老字号品牌。

三、文化元素核心基因评价

桥墩月饼文化基因评价依据

评价项目	评价因子	评价依据（特点）	是否
生命力评价	文化基因存续的时间	自出现起延续至今，未曾明显中断	√
		自出现起延续至今，但多次衰微、中断后复兴	
		曾明显衰败，改革开放后开始复兴或历史溯源关键环节缺失，难以考证	
		文化形态主体已灭失，现存部分痕迹	
	文化基因的稳定性	在发展过程中保持相当稳定的状态	√
		在发展过程中存在明显的精神内涵、表现形式剧变	
凝聚力评价	文化基因的凝聚力及社会动员效果	曾广泛凝聚区域群体的力量，显著推动过社会经济文化的发展	
		曾部分凝聚起区域群体力量，对社会经济文化的发展产生过影响	√
		凝聚过力量，创造过实际的发展动能，但未见对社会经济文化发展产生显著改变	
		仅在历史文献或口耳相传中存在，未见实际介入社会经济发展	
影响力评价	辐射的范围	具有全国性、世界性的影响力	
		具有长三角区域、浙江省影响力	√
		具有市县、乡镇影响力	
	提炼的高度	已经被古代文人士大夫和当代学者提炼为精神符号和理念理论	
		单纯的样式、造型、工艺技术规范	

续表

评价项目	评价因子	评价依据（特点）	是否
发展力评价	与当代精神追求和价值观念的契合	传统文化基因得到创造性转化、创新性发展；区域革命文化基因被完整继承、广泛弘扬；区域社会主义先进文化基因成为与浙江"三个地"相适应的文化高地	√
		部分转化、部分弘扬、部分发展	
		难以转化、难以弘扬、难以发展	
说明：基因特点评价是对解码出来的基因，根据本《导则》表2的要求，围绕"四个力"逐一对表打"√"，进行定性表述			

（一）生命力评价

桥墩月饼是百年来民间长盛不衰的中秋食品，人们用它祭月，用它赠送亲友，将美意与祝愿寓于美食之中。1949年后，个体手工作坊并入供销合作社糕饼加工厂，工厂召集桥墩、莒溪等五地糕饼师傅专营糕饼业，他们充分利用本地物产资源，创制了以米、麦、豆和畜产为主料的各式糕饼，供副食品部门专卖，其中以桥墩月饼名气最大。十一届三中全会后，桥墩镇糕饼加工厂解散，糕饼师傅们纷纷自立门户，个体糕饼加工业亦热腾起来。时至今日，制作技艺悠久、风味独特、传承广泛的桥墩糕饼业，仍旧十分兴旺发达。作为桥墩食品加工业的主打品牌之一，桥墩月饼不仅在温州地区大量销售，也在浙闽边界地区广为传销，凸显了桥墩月饼强大的生命力。

（二）凝聚力评价

在漫长的自然经济条件下，桥墩月饼的制作技艺通过血缘、家庭、宗族之间的师徒关系进行传承，形成以家族为核心的桥墩月饼制作群体，实现抱团发展。同时，桥墩月饼作为苍南人民中秋佳节团圆之际一份美好情感的分享，寓意家庭生活的美满与甜蜜，凝结着每一个家庭的情感与祝愿，至今仍发挥着强大的凝聚力和生命力。

（三）影响力评价

桥墩月饼是苍南地方名特产品，是温州小吃重要的组成部分之一。同时形成了"丁源兴"和"林淑盛"等多家传统老字号。这些老字号在坚守传统的基础上，不断改进提升管理模式与生产方式，突破了桥墩、苍南的地域限制，走出温州，走向了全国市场，使桥墩月饼活出了新活力，在社会上形成了极高的品牌认知度。桥墩镇现有制作、出售桥墩月饼店铺29家，年产值数千万元，中秋节前一个月销售尤为火爆。许多桥墩人还带着制饼手艺，到各地开糕饼店。据统计，桥墩镇外出销售桥墩月饼的店铺有120多家，分别散落在温州市各县和周边一些省市，所有糕饼店一年的销售额总额达8000万元以上。此外，通过网店，桥墩月饼还卖到了俄罗斯、美国等国家。桥墩月饼制作技艺于2012年被列入浙江省省级非物质文化遗产名录。

（四）发展力评价

苍南县近几年开始实行文体旅游融合的发展策略，随着滨海—玉苍山旅游线路的开发，玉苍山国家森林公园、玉龙湖和碗窑古村落等人文景观渐渐为人熟知，各地游客日益增多，"食"文化是旅游活动中不可缺少的要素，桥墩月饼就是其中的重要一员。地方政府通过打造"特色食品旅游城"，举办了特色食品旅游文化节，把本地特色美食、小吃、土特产作为一种重要的旅游资源加以开发利用，使旅游资源与传统特色食品互相交融促进，以提高桥墩旅游业和特色食品业的整体竞争力。

四、文化元素核心基因保存

（一）实物保存

苍南现有桥墩月饼文化基因多位代表性传承人及相关的证据材料。其中代表性传承人有丁学观、林敬蕉等。老字号有"丁源兴""林淑盛"等品牌。

相关器具主要有：板床、擀面杖、水桶、秤具、刀具、竹筛、月饼印制模具、扁筐、敲锤、烤箱（以前使用放置木炭火的平底钢锅）等。

（二）文献及相关研究

杨道敏：《苍南美食》，团结出版社，2018 年。

（三）影像资料

《温州十大美食之一，苍南桥墩月饼》。

《温州老味道——桥墩月饼的制作过程》。

苍南道教与长生文化

玉苍之南　苍南文化基因

苍南道教与长生文化

临安殿东华派祖师林灵真像（蕃芝）

苍南地处玉苍山之南，东海之滨。苍山灵秀，东海壮阔，洞天福地。灿烂悠久的苍南道教文化孕育其中。苍南道教起自晚唐，兴盛于宋元，传承至今，历史悠久，使苍南有"千年道乡"之美誉。苍南道教千年传承，曾涌现出多位高道与多元化的派别，如以林灵真为领袖的"水南派"、以林任真为首的"水南家学"、以修内丹为主兼擅道法的"金丹派"，同时还有擅祈雨的金丹派南宗道士，以及此后传入苍南的全真派与正一派。苍南道教多元融合，持续发展传承至今。

苍南道教文化涉及民间生活传统习俗和传统手工技艺的诸多方面，涵盖口头艺术、民俗生活、民间表演艺术及长生文化等多种知识与文化形态，蕴含于苍南人的行为生活、精神信仰及价值观念之中，体现了丰富多彩的地方性、千姿百态的艺术性，极具社会历史文化价值和意义。

现今，苍南县著名道观、名山、风物、祖师传说和故事、东华派道士和道教科仪、音乐等留存完好。"苍南正一派科仪音乐"于2014年11月被列入第四批国家级非物质文化遗产代表性项目名录。"苍南全真派道教音乐"与"苍南道教科范仪式"也被列入温州市市级非物质文化遗产名录。

一、文化元素分解

（一）物质要素

1. 灵秀和谐的山水环境

苍南地处玉苍山之南，气候温和，风光秀丽，自然条件得天独厚。宗教文化与生态环境密不可分，道教中的诸多洞天福地，道教宫庙观殿，多诞生于名山胜景地带。苍南灵秀和谐的山水环境促进了苍南道教的诞生与发展，至今，苍南境内大多数乡镇村落都或多或少地保留了道教的宫观庙宇建筑，构成自然景观中不可缺少的文化景观。

2. 频繁易发的自然灾害

苍南虽山水环境灵秀和谐，但因面临大海，台风、洪涝灾害多发、频发，给生命财产带来了巨大的损失和威胁。温湿的气候导致物产丰饶，却也"江南卑湿，丈夫早夭"，人的寿命不长，物质容易腐烂变质，导致虫蚊蝇蛇的孳生，瘟疫频发。由于认知水平有限，来自自然界的威胁往往让人心中不安，恐惧充满，因此将平安与长生的追求寄托于宗教。

3. 衔接南北的地理位置

苍南县位于浙江省最南端，北接台州，南临福建，地处几种不同的道教传统之间。除本土发源的"水南派"外，苍南道教深受天台山灵宝派的影响，明清时全真龙门派也从台州传入温州,同时,苍南道士与江西龙虎山道士也多有往来;苍南南部与福建接壤,当地多有闽南移民,其民间传统与闽南极为相似。这些条件都为两地的道教文化交流提供了便利。

(二)精神要素

1. 乐生恶死的生命追求

在道教及其思想里,生命可受到最为美好的歌颂和赞誉,一个人的生命,从孕育到诞生,是一个非常神圣的过程,道生万事万物,道与生相守,生与道相保,须臾不离。苍南道教文化重视生命的价值,以生为乐,重生恶死,认为人活在现实世界是一件赏心乐事,能长寿为大乐,能成仙不死则极乐,视长生不死为人生追求的终极目标。

2. 长生久视的养生观念和方法

道教重生恶死,对生命价值极为珍视,追求肉身的长存。苍南道教养生之道,融会了道祖老子观生、修生、存生、保生、贵生、爱生的思想理念,追寻养生之道,注重修心养性,益寿延年,提倡游心虚静,息虑无为、饮食有节,起居有度,满足了大多数人追求长寿的愿望。

3. 安居避世的隐逸思想

苍南道教追求修身养性、安居避世,隐其锋而藏其机,以清静无为应世。宋初,望里人林倪因抗击福州寇王潮有功,官至吴越国节度使,后辞官归里,结茅荪湖山,循道修身养性,后形成道教世家。"水南派"创始人林灵真目睹元兵侵入温州,于闽浙之交兵戎相见,丹元观毁于战火,感慨:"无何有之乡,广漠之野,正是如此。"于是深隐林坳蕃芝山修炼逾千日,于乱世中寻求精神归属。

(三)制度要素

规范化的科范仪式

科仪即道教道场法事,道教继承民族文化,在民间信仰和民俗的基础上发展演绎的斋醮仪式,形成了道教多种用途的斋醮科仪,大则为国祝祚、禳解灾疫、祈晴祷雨,小则安宅镇土、禳灾解厄、祈福祝寿、度亡生天等。现行道教斋醮科仪,基本是沿袭经明代整理的醮仪,按照一定的规矩程式进行,但也并非完全照搬,根据派别、地域不同而有所差异。

(四)语言与象征符号

独具规模的宫观殿庙

苍南境内道教宫观修建约始于宋代，至清光绪后期形成了颇具规模的宫观殿庙，其活动基地有三山、五洞、九道观之称。"三山"即云台山、鹤顶山、望州山；"五洞"为白云洞、水帘洞、观音洞、紫云洞、燕窠洞；"九道观"指三元道观、天真道观、水帘道观、妙峰道观、紫云道观、玉虚道观、凤仙道观、龙隐道观、清华道观。除此之外，现在苍南境内大多数乡镇村落都或多或少地保留着道教的宫观庙宇建筑，这些道教古观与周边风景区融成一片、连为一体，构成苍南县境内独特的文化景观。

二、文化元素核心基因提取

苍南灵秀和谐的山水环境、频繁易发的自然灾害及独特的地理位置催发道教文化的孕育与传播；乐生恶死的生命追求、长生久视的养生观念和方法、安居避世的隐逸思想；苍南道教派别多元，融合共生；独具规模的宫观殿庙。

三、文化元素核心基因评价

苍南道教与长生文化基因评价依据

评价项目	评价因子	评价依据（特点）	是否
生命力评价	文化基因存续的时间	自出现起延续至今，未曾明显中断	√
		自出现起延续至今，但多次衰微、中断后复兴	
		曾明显衰败，改革开放后开始复兴或历史溯源关键环节缺失，难以考证	
		文化形态主体已灭失，现存部分痕迹	
	文化基因的稳定性	在发展过程中保持相当稳定的状态	√
		在发展过程中存在明显的精神内涵、表现形式剧变	
凝聚力评价	文化基因的凝聚力及社会动员效果	曾广泛凝聚区域群体的力量，显著推动过社会经济文化的发展	
		曾部分凝聚起区域群体力量，对社会经济文化的发展产生过影响	
		凝聚过力量，创造过实际的发展动能，但未见对社会经济文化发展产生显著改变	√
		仅在历史文献或口耳相传中存在，未见实际介入社会经济发展	
影响力评价	辐射的范围	具有全国性、世界性的影响力	
		具有长三角区域、浙江省影响力	
		具有市县、乡镇影响力	√
	提炼的高度	已经被古代文人士大夫和当代学者提炼为精神符号和理念理论	
		单纯的样式、造型、工艺技术规范	

续表

评价项目	评价因子	评价依据（特点）	是否
发展力评价	与当代精神追求和价值观念的契合	传统文化基因得到创造性转化、创新性发展；区域革命文化基因被完整继承、广泛弘扬；区域社会主义先进文化基因成为与浙江"三个地"相适应的文化高地	
		部分转化、部分弘扬、部分发展	√
		难以转化、难以弘扬、难以发展	
说明：基因特点评价是对解码出来的基因，根据本《导则》表2的要求，围绕"四个力"逐一对表打"√"，进行定性表述			

（一）生命力评价

苍南被誉为"千年道乡"，苍南道教发端于晚唐，兴盛于宋元，历经千年传承，至今长盛而不衰。在漫长的传承发展中，苍南道教涌现出多位高道与多元化的派别。早在唐代，杭州高道马自然云游并结庐苍南桥墩镇松山之巅，与其徒王延叟炼丹求仙，民间有"白鹤仙师"之称。宋代，先后出现以本地道士林灵真为领袖的"水南派"及传自闽南以陈靖姑为教主的"闾

2021年1月东华派道士在蕃芝祖师洞祭祖师

山派"。元代，除以林任真为首的"水南家学"外，尚有"金丹派"南宗的流行。明代，传自江西龙虎山的天师道"正一派"大盛。清中后期，龙门派兴起，以黄岩委羽山大有宫向温州扩张，苍南也深受影响。目前，本县道教仍有全真派、正一派，苍南道教多元融合，持续发展传承至今，显示出强大的生命力。

（二）凝聚力评价

苍南道教虽教派多元，但在发展过程中通过设立统一的道教组织来保持内部的凝聚力。明、清两代，设道会司掌其徒众。民国初年，刘绍宽、陈筱垞等士绅及林圆丹等十道人发起成立温州道教分会，印发《道教分会温郡第一次布告》。至抗战时期道教分会尚存。1985年5月，苍南县成立首届道教协会，组织观管理会和堂务管理小组。同时，苍南道教文化蕴含于苍南人的衣食住行、精神信仰、价值取向等各方面，在千年的传承发展中对地方社会产生强烈的凝聚作用。

（三）影响力评价

苍南作为千年道教之乡，对于道教文化有着深厚的影响力，如宋代林灵真开创"水南派"，弟子甚众，在州里不下百余人，正一龙虎宗的董处谦，玄教大宗师吴全节都曾投其门下，可谓一时授受之盛，其所编撰的《灵宝领教济度金书》是集唐宋道教斋醮科仪大成之作，对后世道教科仪经书的编纂产生深远影响。中国道教协会副会长、北京市道教协会会长黄信阳道长即为苍南县钱库区陈东乡黄车堡村人，黄家世代信奉道教，信阳自小深受熏陶，长期潜心研习和宣扬光大道家教义。苍南道教培养出诸多高道，对全国道教有重要影响。与此同时，苍南道教文化具有深刻的艺术表现力，是重要的非物质文化遗产，对于传统文化的传承具有重要影响。"苍南正一派科仪音乐"于2014年11月被列入第四批国家级非物质文化遗产代表性项目名录。"苍南全真派道教音乐"与"苍南道教科范仪式"被列入温州市非物质文化遗产名录。

（四）发展力评价

苍南道教文化辐射全县所有乡镇，借助宫庙、观殿、祠堂等民间信仰文化空间，以及节日庆典、地方戏曲、信俗艺术等民间艺术形式建设道教文化生态区，进行道教文化等传统文化习俗活动，强化传统宗教节日的功能和影响，有利于促进地方生态旅游业的繁荣发展。利用现代技术，赋予一些传统艺术形式以现代形态，丰富道教文化的审美模式，通过大众媒体宣传传统民俗和宗教文化，使更多的人从审美趣味和认知方面增进对苍南道教及长生文化的了解，促进苍南道教的现代化发展。

四、文化元素核心基因保存

（一）实物保存

苍南现有苍南道教与长生文化基因多位高道及相关的证据材料。其中道士有刘宗和、陈道奏、吴文荣、潘崇祺、黄董梅、陈诚宣、吕明真、张呈芬、黄益齐、陈仁斌、林诚华等。另外，据统计当地现有东华派火居道士，约两百多人，仪式活动语言主要为闽南话，主要活跃于苍南、龙港和平阳一带讲闽南话的区域。

（二）文献与相关研究

林灵真：《灵宝领教济度金书》。

徐宏图、薛成火：《浙江苍南县正一普度科范》，2005年。

劳格文、吕锤宽：《浙江省苍南地区的道教文化》，《东方宗教研究》1993年第3期。

徐宏图、薛成火：《浙江苍南道教闾山派度关仪式》，《民俗曲艺》2000年第125期。

孔令宏：《苍南正一派科仪音乐》，浙江摄影出版社，2019年。

刘妙居、陈庆泛:《苍南道教文化及其生态保护区的研究》，《非物质文化遗产研究集刊》2012年。

潘君亮：《现代苍南道教发展浅析——以闽南师公为中心》，《道教学刊》2018年第2期。

（三）影像资料

《苍南道教正一派科仪音乐》。

《苍南道教文化节祈福法会》。

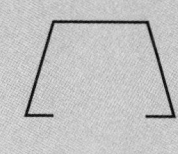

苍南平水王

玉苍之南 苍南文化基因

苍南平水王

周凯平江河故事图

在苍南有一位平水王——周凯,关于他的历史和事迹在苍南广为人知。今天的苍南县在西晋时期,因沿海平原大部分区域尚未成陆,聚居于此的百姓饱受洪水与海潮侵袭,同时台风频繁登陆,"海水沸腾,蛇龙杂居之,民罹其毒",地方发展形势严峻。临海郡横阳(今苍南桥墩)人周凯面对家乡恶劣的生存环境,感叹民生维艰,遂决定率领温州各地百姓捍患御灾,惠利万民。

周凯在治水过程中充分考虑御潮、排涝、抗旱、越浪以及交通航运等诸多需要,连接海岸"散塘",构筑抵御海潮侵蚀的统一屏障;同时取土筑塘,形成温瑞塘河、瑞平塘河,引导洪峰涝水，排泄永宁、安固、横阳三江（今瓯江、飞云江、鳌江）之水，最终注入东海。历时十年，水旱灾害得以缓解，海岸线得以稳固，内河航运得以发达，温州沿海平原由此成为人类宜居之地，进一步推动温州文明进步、历史发展。周凯堪称温州水利开山鼻祖，在民间被当作地方保护神供奉。

千百年来，周凯平水的故事在浙南闽北地区广为流传，周凯其人也成为百姓心目当中无限崇敬的"平水圣王"。目前，温州境内供奉周凯的庙宇，据不完全统计，主要有鹿城区惠民路水心殿、瓯海区南丽田街34号平水王庙、永嘉县岩头镇苍坡村仁济庙、乐清市东沙路半沙村平水王庙、苍南县桥墩镇平水宫以及藻溪镇平水宫等十余处。周凯平治水土，捍患御灾，治理开拓古温州沿海平原，建设美好家园，更在危急关头力挽狂澜，献出生命，展现出"勇立潮头、敢为人先"的担当和气概，成为浙江精神的古老写照和温州人开拓创新的古老典范。

一、文化元素分解

（一）物质要素

艰苦恶劣的生存环境

在西晋时期，临海郡治下永宁（今温州市区等地）、安固（今瑞安等地）、横阳（今平阳、苍南等地）三邑，靠山临海。由于缺乏水利工程屏障，这三邑蓄不住水，挡不住潮，常干旱又常洪涝，强潮涨落，侵蚀陆域，海滨平原不能耕作，加之夏秋两季台风灾害频繁，当地生存环境恶劣、民生维艰。

（二）精神要素

1. 改造自然的卓越气概

从西晋太熙元年（290）至永康元年（300），周凯带领温州各地百姓，经过长达十年时间的艰苦奋斗，对沿海平原进行大范围的生存环境大改造，有效治理了洪水内涝、海水倒灌，终使平原土地不能耕种的恶劣自然环境得以改善，温州沿海平原由此成为人类宜居之地，区域文明也因此繁荣发展。

2. 建设家乡、造福人民的信念

周凯才兼文武，博文强识，曾前往帝都洛阳游学，受人赏识，但因目睹宫廷内斗，派系纷争之乱象，遂谢绝为官，离京返乡。面对家乡艰苦恶劣的生存环境，对比帝都的繁花似锦，周凯更坚定了建设家乡、造福人民的信念。他实地勘察各处地形,并结合游学所获,提出治理开拓沿海平原的建议,经过艰苦的奋斗,最终实现其"捍患御灾,惠利万民"的伟大心愿。

3. 抗潮捐躯的献身精神

周凯在治理水害过程中奋勇当先,鞠躬尽瘁,他在十余年间利用地形、开河疏导等方式治理"三江"水害,取得巨大成效。永康元年(300),强台风登陆温州,台风与天文大潮及三江洪峰三碰头,洪水沿三江倒灌各县,当地百姓只能靠饮用咸水度日并担心受淹。周凯不顾个人安危,挺身而出,力挽狂澜,与"飓风海溢"搏击,最终将生命献给治水事业。他抗潮捐躯,寻求的是温州水利事业的大发展,谋求的更是温州万千民众的长远幸福。

(三)制度要素

1. 因地疏导的治水策略

复杂的地理形势、多变的气候状况及有限的技术手段决定了水情的复杂性及治水任务的艰巨性。面对严峻形势,周凯采取实地调查方法,通过勘察各处地形,结合游学所获,向邑长提出上疏众流、下御潮卤,治理开拓沿海平原的建议。"随其地形,凿壅塞而疏之,遂使三江(瓯江、飞云江、鳌江)东注于海,水性既顺,其土作乂",体现了对水利复杂情势的敏锐洞察力。

2. "塘""河"组合的御潮技术

沿海村民为抵抗自然灾害,保护村居和农作物安全,特根据海涂地形不同,各自垒土筑塘,以御潮汐,谓之"散塘",从而形成了宽窄、深浅不一间断的河道。周凯在治水过程中采用"塘""河"组合的御潮技术,统一修筑加固并连接海塘,形成防潮闭合圈,疏浚贯通原有河道排除内陆涝水,这一技术在东南沿海地区得到广泛应用并一直沿用至今,成为温州水利历史文明的标志性内容。

3. 系统性的综合治理方法

周凯在治水中采取了系统性的综合治理方法,涉及海塘建设、堤防建设、河道疏浚和裁弯取直、清障打卡、新开河道,甚至水闸建设等诸多手段。同时治理范围覆盖温州大部分地区。通过那一场治理,受到海潮侵袭的盐碱土壤逐渐得到改良,成为优质耕地,原来居住在平原地区从事渔猎生产的先民,逐渐向农耕文明过渡,原来居住在山区的先民,逐渐向平原地区聚居。需要着重指出的是,修筑海塘抵御海潮而衍生的塘河,成为温州沿海平原交通出行的大动脉。

二、文化元素核心基因提取

周凯"勇立潮头、敢为人先",改造自然的卓越气概;建设家乡、造福人民、抗潮捐躯的奉献精神,成为温州精神的古老写照和温州人开拓创新的古老典范;在具体的治水过程中,周凯因地疏导的治水策略,采用系统性的综合治理方法及"塘""河"组合的先进御潮技术,成为温州水利历史文明的标志性内容。

三、文化元素核心基因评价

苍南平水王文化基因评价依据

评价项目	评价因子	评价依据（特点）	是否
生命力评价	文化基因存续的时间	自出现起延续至今，未曾明显中断	√
		自出现起延续至今，但多次衰微、中断后复兴	
		曾明显衰败，改革开放后开始复兴或历史溯源关键环节缺失，难以考证	
		文化形态主体已灭失，现存部分痕迹	
	文化基因的稳定性	在发展过程中保持相当稳定的状态	
		在发展过程中存在明显的精神内涵、表现形式剧变	√
凝聚力评价	文化基因的凝聚力及社会动员效果	曾广泛凝聚区域群体的力量，显著推动过社会经济文化的发展	√
		曾部分凝聚起区域群体力量，对社会经济文化的发展产生过影响	
		凝聚过力量，创造过实际的发展动能，但未见对社会经济文化发展产生显著改变	
		仅在历史文献或口耳相传中存在，未见实际介入社会经济发展	
影响力评价	辐射的范围	具有全国性、世界性的影响力	
		具有长三角区域、浙江省影响力	√
		具有市县、乡镇影响力	
	提炼的高度	已经被古代文人士大夫和当代学者提炼为精神符号和理念理论	
		单纯的样式、造型、工艺技术规范	

续表

评价项目	评价因子	评价依据（特点）	是否
发展力评价	与当代精神追求和价值观念的契合	传统文化基因得到创造性转化、创新性发展；区域革命文化基因被完整继承、广泛弘扬；区域社会主义先进文化基因成为与浙江"三个地"相适应的文化高地	√
		部分转化、部分弘扬、部分发展	
		难以转化、难以弘扬、难以发展	
说明：基因特点评价是对解码出来的基因，根据本《导则》表2的要求，围绕"四个力"逐一对表打"√"，进行定性表述			

（一）生命力评价

周凯带领温州各地百姓捍患御灾，改造生存环境，对地方社会产生了深远影响，造福了万千生民，奠定了区域文明的繁荣与发展。其治水过程中所采取的因地疏导的治水策略，系统性的综合治理方法及"塘""河"组合的御潮技术，不仅是温州水利历史文明的标榜，而且对现今沿海治水仍有深刻的借鉴意义。周凯治水精神激励着代代温州人勇立潮头、开拓创新、建设美好家园，这与现代温州精神一脉相承，在当代仍持续焕发出新的生命力。

（二）凝聚力评价

独木不能成林，周凯在治水中，充分发挥广大人民的力量，动员温州各地百姓在十余年间捍患御灾，治理开拓古温州沿海平原，建设美好家园，广泛凝聚起温州人力量，显著推动着温州经济社会的发展，并持续发挥作用。在温州现代社会的建设中，周凯治水所体现的开拓创新精神始终为温州发展凝聚力量。

（三）影响力评价

周凯平水的故事在浙南闽北地区广为流传，周凯其人也成为百姓心中无限崇敬的"平水圣王"，其开创的水利事业对温州发展产生深远影响，后至唐、宋、元、明、清各个朝代及民国时期，平阳官府和民间基于南港平原和江南平原为鳌江流域主要产粮基地的认识，使苍南县域各地再现筑塘堤、建陡堰、开运河、引水圳，大兴水利建设。千百年来涌现出路应、林仲彝、汪季良、林居雅、杨简、沈瑞鹤等许多水利先贤，书写波澜壮阔的治水史诗，影响力不可估量。

（四）发展力评价

周凯平水具有深厚的历史文化内涵，通过挖掘水利历史内涵，推动水利文化利用，提升水文化与水工程的融合力度，打造水利高端文化品牌，实现水文化在当代社会的创新发展。通过保护修缮西晋"平水神穴"文化遗址，改造修建周凯纪念馆，重建平水桥（桥墩门大桥），推进水文化的保护传承；启用"水利＋文化＋旅游"的操作模式，创建水利工程景观，助推水文化文旅融合发展，将使"平水王周凯"这一文化资源更具广阔的发展潜力。

四、文化元素核心基因保存

（一）实物保存

平水神穴、平水古道、周凯纪念馆、平水宫、周凯墓、百里平水公园（在建）。

（二）文献及相关研究

宋濂：《温州横山仁济庙碑文》。

康武刚：《温州沿海平原的变迁与水利建设》，人民出版社，2018年。

单国方：《塘河与平水王周凯》，《温州科技职业学院学报》2015年04期。

（三）影像资料

《周凯射潮（海宁非遗：皮影戏）》，海宁皮影艺术团出品。

《苍南县百里平水公园绿道》，苍南县百里平水公园管理中心制作。

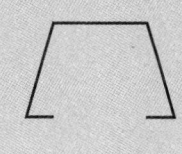

苍南南拳

玉苍之南 苍南文化基因

苍南南拳

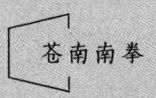

苍南南拳历史悠久，自北宋初期林倪于荪湖山（今望里镇及藻溪镇境内）以武术传授乡里，功夫习练之风在当地历千百年而长盛不衰，经历代先贤的不断锤炼，又博采南北少林之精华，形成了特点鲜明、风格独特的拳种，具有深厚的历史人文积淀。苍南南拳主要特点是赤膊对练，以声助力，以力发声，内外兼修，器械种类齐全。现今南拳拳法、传承人、组织团体等较为完备。

苍南南拳拳种多样，流派众多，有雄奇五基法、江南（以钱库镇为中心）南拳、攻柔拳、刚柔拳、东山下拳法、白鹤拳、猴拳、梅花拳、南拳泥鳅使技、大山老爷长短棒法、老渊棒法等近20种拳棒法。这些拳种与外来的拳种水乳交融，支脉交错，其中苍南五基法，源远流长，号称温州南拳的"拳母"。

近5年来，苍南各代表队，在全国和省级各项武术比赛中屡获佳绩，苍南南拳中所内含的"尚武爱国、习武卫国"精神俨然成了浙南子弟传习武艺的终极目标，也进一步丰富了武术的文化教育价值。与此同时，丰富的历史积淀和良好的文化熏陶共同孕育了尚武精神和武德品质，也哺育着地域民众坚韧自信和敢为人先的优秀品性。

一、文化元素分解

（一）物质要素

1. 饱受侵袭的生存环境

明代，浙南沿海地区屡遭倭寇、强盗侵袭，为抵御外敌，浙南民众将武术与军事结合，使温州南拳在原有基础上得到新发展。明初，金乡卫城守将林三溢，将五基法结合扁担、锄头、楮脚等农具，训练农民，用于抗击倭寇，保家卫国。

2. 将才武士人才辈出

温州自古人杰地灵，不仅文人辈出，将才武士亦层出不穷。据史料文献记载，自隋大业三年（607）至清光绪三十一年（1905），温州共出武科进士439人，武状元7人。而在民间，历代名师传承创新，开创技法，推动南拳的发展，带动广大乡民健身操练，南拳在浙南大地盛传不衰。

（二）精神要素

1. 崇武尚勇、保卫家园的坚定信念

古时浙南沿海人民不仅时刻面临海洋环境的不确定性，还面临沿海猖獗的倭患、盗匪。面对外敌，苍南民众研习拳法、练习武艺，保卫家园，与外敌抗争，由此铸就了崇武尚勇、不畏生死、同仇敌忾、自强不息的精神品格。"封侯非吾愿、但

愿海波平",这是民族英雄戚继光戎马倥偬一生的追求,也是那些世代生存在浙南沿海的中华儿女们的共同夙愿。

2. 勤学苦练的优秀品质

习南拳者,需要一以贯之的刻苦精神,无冬无夏、以苦为乐、勤求探讨、以艺为荣。苍南南拳的操练,需保持着超常的刻苦耐劳精神,同时需兼精器械和各种拳路,平日用功努力,认真听师指教,一招一式从不马虎,日久天长,领悟才能日深。

3. 重视武德的观念

苍南南拳尤重武德,其演武过程中也特别注重礼节。每当演武之前,必先行礼,拱手、请手、礼毕,皆有一系列的动作,然后才正式表演套路。与人比武交手,更是如此。虽显烦琐,但在当今社会,更显珍贵而意味深长,它体现了武人的礼仪与文明,体现了武士所必备的精神品质。

(三)制度要素

1. **注重技击、突出实战的技法招式**

苍南南拳作为南派武术传统拳种,注重技击价值,突出实战应用,技法招式多以手法变化为主,要求灵活多变,巧狠并行,虚实兼用,并以近身撞靠的击法结合多变的手法上打下取、招招成环。因受古代军队武术的影响,技法上长短互用,臂坚腰实,连环进击,防中带攻。当回避对方进攻时,利用身法、步法的变化,避其锐气,趁机主动抢攻,攻中有防。在自己攻击之时,也必须同时闪避对方进招,以攻击动作击打对方进击的四肢。

2. **刚柔并济、以气催力的训练特质**

练习苍南南拳时,身型讲究含胸拔背、沉肩团胛、气沉丹田,腹肌紧缩,步稳势低,落地生根,要求身体躯干肢体结构达到五合三催、上下协调、周身一体之势,继而可以身法灵活、进退随机,蓄劲随心、发劲通达,才能实现手眼身法步齐到、精神气力功皆备、浑然天成、行云流水的高阶技艺。

苍南南拳攻柔拳法

(四)语言与象征符号

形式多样、各具特色的拳种

苍南南拳拳种多样，流派众多，有雄奇五基法、江南（以钱库镇为中心）南拳、攻柔拳、刚柔拳、老渊棒法等近20种拳棒法。其中著名器械有丈二棒、齐肩棍、梅花棍、板凳花等，这些名称有联系也有区别，生动形象又朗朗上口。在动作的命名方面也非常有特色，例如，预备式中的第一段动作套路：并步抱拳、抱拳震脚、左弓步冲拳、右弓步冲拳、高虚步鞭拳、骑龙步冲拳、左弓步冲拳、左弓步截桥、左弓步圈桥标掌、马步双截桥、马步左右挑掌、马步双推单指、马步双标掌沉桥、右弓步架桥、骑龙步压肘、开步双虎爪、骑龙步推掌、腾空转体里合腿、跌扑剪扫侧踹腿、鲤鱼打挺、虚步鹤嘴手、独立双虎爪、左弓步双虎爪、转身鞭拳插掌、前蹬腿冲拳、跪步盖拳、骑龙步撞拳，等等。各种叫法不但言简意赅，生动有趣，既有利于记忆，还能指明动作要领和核心，体现了民众的智慧。

二、文化元素核心基因提取

历史上浙南沿海民众饱受侵扰的生存环境，军士民众习武练拳，强健体魄，一代代将才武士人才辈出，习武传统深厚；苍南南拳注重突出实战的技法招式，刚柔并济、以气催力的训练特质；崇武尚勇、保卫家园的坚定信念，勤学苦练的优秀品质以及注重武德的品质，共同促就南拳的发展，也哺育着地方民众坚韧自信、敢为人先的品性。

三、文化元素核心基因评价

苍南南拳文化基因评价依据

评价项目	评价因子	评价依据（特点）	是否
生命力评价	文化基因存续的时间	自出现起延续至今，未曾明显中断	√
		自出现起延续至今，但多次衰微、中断后复兴	
		曾明显衰败，改革开放后开始复兴或历史溯源关键环节缺失，难以考证	
		文化形态主体已灭失，现存部分痕迹	
	文化基因的稳定性	在发展过程中保持相当稳定的状态	√
		在发展过程中存在明显的精神内涵、表现形式剧变	
凝聚力评价	文化基因的凝聚力及社会动员效果	曾广泛凝聚区域群体的力量，显著推动过社会经济文化的发展	√
		曾部分凝聚起区域群体力量，对社会经济文化的发展产生过影响	
		凝聚过力量，创造过实际的发展动能，但未见对社会经济文化发展产生显著改变	
		仅在历史文献或口耳相传中存在，未见实际介入社会经济发展	
影响力评价	辐射的范围	具有全国性、世界性的影响力	√
		具有长三角区域、浙江省影响力	
		具有市县、乡镇影响力	
	提炼的高度	已经被古代文人士大夫和当代学者提炼为精神符号和理念理论	
		单纯的样式、造型、工艺技术规范	

续表

评价项目	评价因子	评价依据（特点）	是否
发展力评价	与当代精神追求和价值观念的契合	传统文化基因得到创造性转化、创新性发展；区域革命文化基因被完整继承、广泛弘扬；区域社会主义先进文化基因成为与浙江"三个地"相适应的文化高地	√
		部分转化、部分弘扬、部分发展	
		难以转化、难以弘扬、难以发展	
说明：基因特点评价是对解码出来的基因，根据本《导则》表2的要求，围绕"四个力"逐一对表打"√"，进行定性表述			

（一）生命力评价

苍南南拳历史悠久，习武之风历千百年而长盛不衰，崇武尚勇、保卫家园的坚定信念，勤学苦练的优秀品质以及重视武德的观念缔造了浙南一代又一代习武练拳之人，而苍南南拳内含的"尚武爱国、习武卫国"精神激励着浙南子弟传习武艺。自隋大业三年（607）至清光绪三十一年（1905），温州共出武科进士439人，武状元7人，这横亘千年的尚武传统，折射出南方武术所具有的强大生命力，也进一步丰富了武术的文化教育价值。这种生命力持续延伸到现代社会，据调查，新中国成立前后，苍南民间有75%的人会打拳，懂得武术的基本套路，现在仍然有65%的人会不同程度的武术，50岁以上的人，都有一定的武术基础。苍南民间仍有诸多的武术队伍，同时，苍南县广泛开展的民间武术活动，社会效益明显。"武状元之乡"成为其突出的品牌。

（二）凝聚力评价

以勤学苦练为精神内核的苍南南拳文化，在历史上曾广泛的凝聚起苍南人民的力量，其丰富的历史积淀和良好的文化熏陶推动着苍南社会的发展，并持续发挥着作用。明代外敌入侵，锻炼拳法用于抗击倭寇，保家卫国；民国年间，率先掀起农村革命运动；改革开放以来，苍南南拳仍哺育着地方民众坚韧自信、敢为人先的品性，操练南拳必兼备"勤"与"韧"之特质，这些优良品质将为苍南的发展凝聚力量。

办学校"；南宋文武学校，被省体育局评为"发展武术从娃娃抓起"贡献奖、"中国名牌（民办）示范学校"，被温州市人民政府授予"温州市群众体育先进单位"等称号。飞林学校数百余名学生分别在《墨攻》《投名状》《七剑下天山》等多部影片中担任主配角演员，在社会上发挥着持久的影响力。

（三）影响力评价

武术界素有"浙江南拳出温州，温州南拳出苍南"之美誉，苍南南拳培养出一批批杰出的武术人才，取得各项荣誉成就。苍南南拳五基法代表队，在全国和省级各项比较中，荣获金牌870枚。毕业于北京体育大学的本县飞林武术学校董事长吴树杏，被评为21世纪中国教育改革杰出贡献人物、中国教育管理与创新先锋人物、华夏武林英杰。苍南县南宋文武学校、飞林文武学校被列入"全国十大民办武术学校"，自2005年开始，还被中国民办教育联合会评为"全国先进民

（四）发展力评价

浙南大地，武术精神绵延不息，苍南县大力推进体育设施建设，健全完善体育网络体系，广泛开展群众性体育活动，努力培养体育人才队伍。苍南县各个村落建设农村文化礼堂，形成武术训练基地，成为农民精神家园，影响了一代人的习武健身意识；全县各个中小学校积极将苍南南拳列入课外训练课题，动员学生参加武术训练活动，强健体魄；民间武术队伍正蓬勃发展，主要有五基法团队、攻柔拳法团队、刚攻柔拳法团队、白鹤拳武术团队、东山下拳法团队等。

四、文化元素核心基因保存

苍南现有南拳文化基因的多位代表性人物及相关的证据材料。其中代表性人物有林孝桐、陈道华、黄宗同、金玉贵、温端贵、蔡起琴、蔡起回、黄德盘等。

（一）实物保存

刀枪剑戟、斧钺钩叉、镋棍槊棒、鞭锏锤抓、拐子流星等，练功的器械还有"石鼓""石磨盘""石担""石墩"等。

（二）文献与相关研究

林孝桐：《中国五基法》，人民体育出版社，2014年。

金文平编：《温州南拳简志》，方志出版社，2017年。

（三）影像资料

《中华武功·刚勇南拳》，央视《探索·发现》栏目。

《雄奇拳五基法 无影点穴手》《中华武藏·雄奇拳——五基法》光碟录像片22张，中国武术协会审定、国家体育总局武术研究院监制。

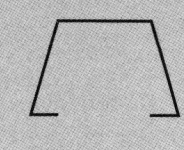

苍南妈祖信仰

玉苍之南　苍南文化基因

苍南妈祖信仰

苍南坑尾妈祖庙

妈祖是中国最具影响力的海洋保护神。妈祖信俗是以崇奉和颂扬妈祖的立德、行善、大爱精神为核心,以妈祖宫庙为主要活动场所,以信仰习俗、祭祀仪式和庙会等为表现形式的民间信仰社会实践活动。一千多年来,妈祖信俗通过由湄洲妈祖祖庙分灵的方式,传播到全国各地以及世界 20 多个国家和地区,在全球拥有 2 亿多信众和 5000 多座妈祖庙。

苍南受海洋文化和福建移民活动等影响,妈祖信俗在宋代从福建传入苍南,文化底蕴丰厚,源远流长;现苍南县妈祖主祀和配祀宫庙仍多达一百三十余座，妈祖信众多达十几万人，是浙江省奉祀妈祖最多的县份，民众亲切地尊称妈祖为"妈祖娘娘"，或"娘娘妈"等，林姓人家甚至称她为"姑婆神"。每逢妈祖诞辰及相关时节，各官庙会举行隆重的祭祀仪式及巡安活动，参与信众遍及全县乡镇。2010年，苍南县妈祖文化交流协会成立。2011年10月份，苍南妈祖信俗被列入"温州市非物质文化遗产"名录，2011年12月份，被列入第四批"浙江省非物质文化遗产"名录。苍南县以妈祖文化为平台，积极构建两岸沟通交流桥梁，苍南妈祖官庙与台湾妈祖官庙，多次共同举办妈祖文化交流活动，对于联络两岸同胞情谊、促进两岸经贸和文化交流往来发挥了重要作用。

一、文化元素分解

（一）物质要素

1. 福建移民带来的神灵信仰

苍南地处沿海，常遭台风及暴雨袭击，频繁经历灾难，导致人口数量锐减。受官方政策及地理环境等多种因素影响，与苍南接壤的福建居民曾多次迁居苍南，进行移民补籍，妈祖信仰随之传入。

2. 依海为生的生存状况

苍南因海而生、因海而兴，与福建沿海地理人文环境皆有所同，在长期的生产、生活中，苍南人依靠海洋兴渔盐之利，行舟楫之便。但同时海洋环境变幻莫测，谋生艰难，又由于古时人类认知水平与科技水平有限，遂将对平安丰收的祈求寄托于海上之神"妈祖"，妈祖信仰得以在苍南落地生根，历代绵延。

3. 沿海战乱形势

从宋代开始就有宋军得到妈祖庇佑取得大捷的故事，后世更有护海运、护钱塘江筑堤、元代护助漕运等妈祖灵验故事，流传广泛。及至明代，苍南地区屡遭倭寇侵袭，沿海官兵与倭寇海上作战，常常遇到灾难，因此希望得到妈祖庇护，坚定信心，凝聚力量，来战胜海上遇到的各种天灾人祸，取得胜利。妈祖信仰在倭寇侵扰的形势下更加流行。

（二）精神要素

1. 安国护民、扶困救人的精神

妈祖作为中国最重要的海洋保护神之一，护佑航行安全是其重要神职。随着漕运的发达与海洋事业相关的生活、生产活动的迅猛发展，人们面对变幻莫测的海洋环境，急需精神寄托，解厄排难。在妈祖传说中，妈祖行善济困，屡屡涉险救难，保护海上航行，平息逆乱，妈祖形象成为安国护民、扶困救人的精神寄托和符号。

2. 不畏艰险、开拓进取的海洋文化精神

妈祖是海洋族群的精神寄托和保护神，是中国影响力最大的航海保护神。妈祖文化通过妈祖神格魅力感染广大群众，帮助人们增强克服困难的信心与勇气，从而激励他们勇往直前、开拓进取。妈祖信仰文化作为一种海洋文化，不仅表现出我国人民不畏艰险、勇往直前、积极征服的愿望、智慧和力量，而且表现出沿海人民不断扩展生存空间、追求美好生活的奋斗开拓精神。

3. 和谐包容的慈爱精神

妈祖信仰崇尚善与大爱的力量，怀有仁爱之心谓之"慈"，广行济世之举谓之"善"。关于妈祖的记载及故事传说，都是伏波救险、赈灾安民、行医送药等仁善仁爱之举，信众信仰妈祖，意味着认同妈祖所代表的真善美价值观和道德观。

（三）制度要素

1. 民众的生活息息相关的妈祖信仰习俗

沿海地区的民众对妈祖女神的信仰，往往与自身的生活需求紧密相关，因此在信仰妈祖的地区，往往流传妈祖灵验的种种故事和传说，如在苍南南坪村坑尾流传的妈祖故事：据林氏宗谱记载，苍南县马站镇新林村蛟头林氏祖先携家眷乘舟，往福建省泉州市安溪县福山探祖回归，途经湄洲岛外，忽狂风骤起，其船将翻。众人大惊，急跪船中大呼妈祖娘娘救命，并承诺分灵建庙奉祀，果然，一阵香风飘至，须臾风平浪静，化险为夷。众人大喜，随即登岸进庙谢恩并履行诺言，分灵回归故里，不日请地理名师择地，选定现宫址，建造一小间石木结构之庙宇，安奉妈祖娘娘神像，以供当地信众焚香朝拜。妈祖娘娘威名显赫，渔民在海上如遇风险，呼神号，

必见风平浪静，化险为夷，当时妈祖威名远播，四方民众无不信仰，并延续至今，从无间断。妈祖作为沿海民众的保护神，存在于他们生活的很多方面，如渔民们在出海前往往要举行的海祭、舟祭、宫庙祭等祭祀仪式，祈愿妈祖娘娘护佑，能有收获，能平安归来。妈祖信仰是沿海人民生活的一部分。

2. 妈祖祭祀仪式的各种流程和规范

苍南的妈祖信仰历史悠久，文化底蕴丰厚。每年的三月二十三妈祖圣诞日和九月初九妈祖升天日，都会举办祭祀妈祖的民俗活动，如：大型祭祀妈祖仪式、妈祖金身绕境巡安，都有自己模式和流程，大致固定的内容和套路，形成了一种独特的文化氛围，具有强大的感召力和象征意味，能吸引和安慰广大的信众。

（四）语言与象征符号

1. 妈祖宫庙

妈祖信仰与宫庙分布息息相关，宫庙是信仰的承载之地，现苍南县妈祖主祀和配祀宫庙多达一百三十余座，主要分布在沿海乡镇。妈祖信仰主要是以宫庙为祭祀、传播中心，妈祖宫庙是妈祖信俗最重要的基本载体，也是妈祖信众最重要的活动场所和文化空间，众多妈祖宫庙是苍南妈祖信仰的象征符号和载体。

2. 妈祖祭仪

苍南妈祖信俗包括宫庙祭祀、家庭祭祀、巡安祭祀、庙会祭祀、海边祭祀等多形式化的祭祀活动，举办隆重的祭祀仪式，通过仪式来规范群体行为、维护社会秩序、强化社会整合等。在妈祖祭祀的日期，许多海内外华人都会赶来参加这一重要的传统仪式，这成为海峡两岸沟通的文化纽带和重要桥梁和象征。

二、文化元素核心基因提取

妈祖神灵形象所体现出的立德行善、仁爱慈悲、安国护民、扶困救人是中华民族优秀传统文化和精神的体现，也与当代社会主义核心价值观相契合，顺应新时代中国特色社会主义文化的发展方向；不畏艰险、开拓进取的海洋文化精神是温州精神的重要内涵；苍南县星罗棋布的妈祖宫庙与隆重的祭祀仪式是妈祖信仰的重要载体和象征符号。

三、文化元素核心基因评价

苍南妈祖信俗文化基因评价依据

评价项目	评价因子	评价依据（特点）	是否
生命力评价	文化基因存续的时间	自出现起延续至今，未曾明显中断	√
		自出现起延续至今，但多次衰微、中断后复兴	
		曾明显衰败，改革开放后开始复兴或历史溯源关键环节缺失，难以考证	
		文化形态主体已灭失，现存部分痕迹	
	文化基因的稳定性	在发展过程中保持相当稳定的状态	√
		在发展过程中存在明显的精神内涵、表现形式剧变	
凝聚力评价	文化基因的凝聚力及社会动员效果	曾广泛凝聚区域群体的力量，显著推动过社会经济文化的发展	√
		曾部分凝聚起区域群体力量，对社会经济文化的发展产生过影响	
		凝聚过力量，创造过实际的发展动能，但未见对社会经济文化发展产生显著改变	
		仅在历史文献或口耳相传中存在，未见实际介入社会经济发展	
影响力评价	辐射的范围	具有全国性、世界性的影响力	√
		具有长三角区域、浙江省影响力	
		具有市县、乡镇影响力	
	提炼的高度	已经被古代文人士大夫和当代学者提炼为精神符号和理念理论	√
		单纯的样式、造型、工艺技术规范	

续表

评价项目	评价因子	评价依据（特点）	是否
发展力评价	与当代精神追求和价值观念的契合	传统文化基因得到创造性转化、创新性发展；区域革命文化基因被完整继承、广泛弘扬；区域社会主义先进文化基因成为与浙江"三个地"相适应的文化高地	√
		部分转化、部分弘扬、部分发展	
		难以转化、难以弘扬、难以发展	

说明：基因特点评价是对解码出来的基因，根据本《导则》表2的要求，围绕"四个力"逐一对表打"√"，进行定性表述

（一）生命力评价

苍南妈祖信俗，自宋代从福建传入苍南，已有一千多年的历史，至今繁荣不衰，妈祖信仰早已融入苍南地方社会文化，逐渐发展出属于自己的特色。苍南妈祖形象源于福建的"海上保护神"，主要是渔民的守护神，后来成为"万能神"。苍南妈祖不仅是"海上保护神"，也是"陆上的保护神"，妈祖信俗早已扎根于苍南，成了苍南历史文化的一部分。妈祖信俗中所内含的开拓进取、大爱勇毅、和谐包容、求同存异、兼容并蓄、和平共处等精神，是妈祖信俗历经千年而历久弥新、与时俱进的真谛所在。在当今时代，妈祖信俗仍体现出巨大的感召力和蓬勃的生命力，作为一种文化信仰和民族精神扎根浙南大地。

（二）凝聚力评价

在苍南地区，妈祖信众多达十多万，通过多样化的祭祀活动与妈祖金身巡安等活动，将地方民众团结在一起。妈祖作为海峡两岸同胞共同信仰的女神，为两岸文化交流搭起沟通桥梁，为增强中华文化的凝聚力和向心力发挥积极作用。妈祖不仅是善良、勇敢、大爱的化身，更是民族凝聚力的有

力保障。此外，妈祖文化也是联络和团结海外华人社会和文化交流、和平交往的重要媒介，通过对妈祖文化的传承发扬，可以促进与"海上丝绸之路"沿线国家和地区人民的民心相通、民情相融，提升社会凝聚力和感召力。

坑尾妈祖巡安仪式

（三）影响力评价

妈祖文化源远流长，传播的是"仁爱、正义、勇敢、和平"精神，因此妈祖被誉为"世界海上和平女神"，其信众遍及世界各地。苍南是浙江省奉祀妈祖人数最多的县，妈祖信众多达十几万人，苍南县妈祖主祀和配祀官庙多达一百三十余座，每逢妈祖诞辰及相关时节，各官庙会举行隆重的祭祀仪式及巡安活动，参与信众遍及全县乡镇，在地方社会上具有强大的号召力和影响力。

（四）发展力评价

妈祖信仰历经千年而历久弥新，新时期的妈祖信仰正走向现代化和全球化的道路，成为中华民族文化认同的一个标志性符号。妈祖信俗入选人类非物质文化遗产代表作名录，而"苍南县妈祖信俗"项目陆续获批为省、市、县非物质文化遗产，一批批传承人得到确认。苍南县积极发挥苍南与台湾同属闽南文化、妈祖文化等有利条件，以苍南籍台胞为纽带，以台湾温州同乡会为依托，以寻根认祖、旅游观光、宗教活动、经贸投资、文化交流、学术研讨为载体，大力推进两地交流与合作，以实现扩大影响、增进感情、增进互信、合作共赢的目标，推动两岸友好往来。妈祖信仰具有广阔的发展前景。

四、文化元素核心基因保存

（一）实物保存

妈祖官庙、苍南妈祖文化园、妈祖岙等。

（二）文献及相关研究

金亮希：《苍南妈祖信俗》，团结出版社，2018年。

苍南妈祖文化交流协会：《苍南妈祖文化》会刊。

《苍南妈祖官庙概览》。

《苍南妈祖信俗故事》。

（三）影像资料

《大爱妈祖》。

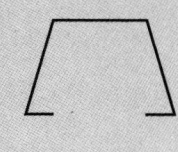

苍南畲族习俗

玉苍之南 苍南文化基因

苍南畲族习俗

苍南畲族"三月三"

畲族是我国人口较少的少数民族之一，他们自称"山哈"，意为"山里的客人"。畲族历史悠久，依山而居，以开荒垦地、采猎营林为生。据记载，汉晋时期，畲族人民生活在潮州凤凰山。后来因生产方式落后，山区地理环境恶劣，迫于生存压力，畲族开始迁徙。宋元时期，其迁徙足迹似乎已遍及福建中部、北部，畲汉杂居范围扩展。到目前为止，畲族主要分布在福建、浙江、江西、广东、贵州、安徽、湖南七省 80 多个县（市）内的部分山区。苍南地区的畲民于明清时期迁入，主要居住在西部和南部山区，散居于岱岭畲族乡、凤阳畲族乡、桥墩镇莒溪、腾垟办事处、矾山镇南宋、华阳、昌禅办事处、赤溪镇赤溪社区、中墩办事处、藻溪镇挺南办事处、灵溪镇凤池、沪山办事处、龙港镇平等办事处、马站镇魁里、城门、沿浦、渔寮办事处、钱库镇括山、项桥办事处等地，呈"小集中、大分散"分布，有蓝、雷、钟、李、吴、罗六姓。苍南畲族现有三万多人口。

伴随着畲民的迁入，也带来了畲族丰富多彩的传统饮食、衣着、习俗、技艺、山歌、舞蹈、传说、节日等。比如，畲族民歌随处可见，以畲语歌唱的形式表达。每逢佳节喜庆之日便能听到歌声飞扬，即使在山间田野劳动，探亲访友迎宾之时，他们也常常以歌对话。畲族舞蹈是宗教祭祀礼仪活动中的重要组成部分，在本民族各种重大祭典礼仪活动中留传下来，人们所能看到的畲族民间舞蹈，几乎无不与宗教祭奠、祭祀仪式紧密结合，相互依存。畲族文化节日主要有农历三月三、分龙节、七月七、立秋日、中秋节、重阳节、春节等。到现在，每年的农历三月三，都是畲民的盛会。技艺方面，畲族妇女都是编织彩带的能手，而畲族刺绣艺人则多为男性。除此之外，银饰是畲族服饰文化的一部分，畲族人民以银饰为美，畲族银饰蕴含着畲族古老的历史信息。

一、文化元素分解

（一）物质要素

1. 畲族迁移的环境

明清时期，畲族人民开始大规模迁往闽东、浙南等地山区。迁移为苍南地区带来了畲族文化，畲族文化也不断与当地融合，使当地文化更具多样性和丰富性。

2. 丰富的民俗物件

具体物品是构成畲族文化的重要元素，许多畲族活动都需要具体物品的承载，比如祖图、祖杖。祖图是畲族信仰的主要标志之一。他们根据《高皇歌》的内容把"盘瓠传说"绘成40幅左右连环式的画像，画在高约30厘米、长约10米的布帛上，称为祖图，世代相传，每逢祭祖，就挂出来，祀奉甚虔。祖杖又称"盘瓠杖""龙首师杖""龙首杖""法杖"，也称"师杖"，是畲族始祖的象征物。闽东、浙南的畲族祖杖用连根的树干制成，制作的关键处是雕出一个含珠的龙头。凡族中有突出的大事、难事需解决时，就可动用祖杖。在畲族人民心中，祖杖是圣物，是民族的保护神，是图腾标志。另外，还有服饰上的花腰带、刺绣等。花腰带是畲族姑娘精心织绣送给心爱情侣的定情物；刺绣是畲族刺绣艺人为畲族妇女做嫁衣时在衣裳的领上、袖口、衣襟边和围裙上刺绣的各种花鸟和几何纹样,甚至有人物。

(二)精神要素

1. 丰富的民间文艺作品所呈现出的勇敢率真的性情

文学是民众精神层面内容的表达,畲族山歌、史诗、说唱、神话传说和故事都传达了畲族民众的某种精神诉求。他们不仅在婚嫁、逢年过节唱歌,还在生产劳动、招待客人、闲暇休息、谈情说爱时歌唱,也在丧葬悲哀时以歌代哭倾吐衷情。歌唱内容与生活事件和情境相关,有不少是即兴创作,富有生活气息。

2. 以信仰和神圣性为基础的审美意识

银饰对畲族具有重要意义,是畲族文化资源的重要组成部分,也是服饰文化的一部分。畲族人民以银饰为美,畲族银饰背后蕴含着畲族古老的历史信息,加上银质物品的光亮、色泽特质及用途,它象征着财富,也表露出畲族民众避邪、保平安和崇尚光明的心理诉求。

(三)制度要素

节日习俗的流程和规范节日一般都具有特殊的规则与流程,畲族节日也不例外。畲族的传统节日主要有三月三、四月分龙节、七月初七、立秋日、中秋节、重阳节、春节等。另外,每年农历二月十五、七月十五、八月十五都是畲族的祭祖日。其中"三月三"是畲族重要的传统节日,于每年农历三月初三举行,其主要活动是去野外"踏青",吃乌米饭,以缅怀祖先,亦称"乌饭节"。乌米饭就是用一种植物的汁液把糯米饭染成乌色。相传在唐代,畲族首领雷万兴和蓝奉高领导畲族人民反抗当时的统治阶级,被朝廷军队围困在山上。将士们靠吃一种叫"乌饭"的野果充饥渡过难关,在第二年三月三日冲出包围,取得了胜利。为了纪念他们,人们把三月三日作为节日,并吃"乌米饭"表示纪念。节日期间,附近几十里同宗祠的畲族人民云集歌场,自晨至暮,对歌盘歌,内容为歌颂盘瓠,怀念始祖。整个畲山,沉浸在一片歌的海洋之中。晚上,各家吃"乌米饭";深夜,进行祭祖活动。节日场面非常热闹。

(四)语言与象征符号

1. 祖先神信仰——盘瓠

畲族信仰主要是祖先崇拜,畲族

十分重视祭祖。畲族信仰的祖先神是盘瓠，盘瓠相传是春秋时代一位历史人物，在公元前的楚与卢戎的战争中，盘瓠杀敌立功、受封以及与公主结婚。"盘瓠传说"是具有神圣的民族起源的信仰，在长期的盘瓠信仰传承过程中形成了一整套操作性很强的信仰仪式（如祭祖）、工具（如祖图、祖杖、神牌等），以及与此相应的习俗系统（如"做醮""做西王母"等）。而祖图就是畲族信仰的主要标志之一。

祖图又称"盘瓠图"。畲族根据《高皇歌》把有关始祖盘瓠的传说画在布上，制成约40幅连环画式的图像，代代相传，称为"祖图"。畲族每年还定期举行隆重的祭祀，族人共聚祠堂、悬挂祖图。这是早期原始社会中图腾崇拜的残迹。"盘瓠传说"只是畲族文化的象征之一，但它所形成的特色文化跟畲族的风俗习惯及生活方式有着很深刻的联系，具有很强的凝聚力。

2."双语制"现象

畲族人民迁移到苍南之后，以"小集中、大分散"的形式长居于此，和周边民众广泛接触，这决定了畲民除了掌握自身的畲话之外，还会习得周边的方言，不少畲民除了会说畲话之外，同时还会说闽南话、温州话、蛮话等，与族外人沟通无碍，成为双语习得者，呈现出特有的"双语制"现象。

二、文化元素核心基因提取

明清时期，畲族民众自闽南来到苍南地区，以"小集中、大分散"的模式居住于此，丰富着当地文化。其特有的信仰、习俗、传说、工艺为当地的文化多样性画上了浓墨重彩的一笔。同时，文化之间相互融合，形成了独具特色的苍南畲族文化。

三、文化元素核心基因评价

苍南畲族习俗文化基因评价依据

评价项目	评价因子	评价依据（特点）	是否
生命力评价	文化基因存续的时间	自出现起延续至今，未曾明显中断	√
		自出现起延续至今，但多次衰微、中断后复兴	
		曾明显衰败，改革开放后开始复兴或历史溯源关键环节缺失，难以考证	
		文化形态主体已灭失，现存部分痕迹	
	文化基因的稳定性	在发展过程中保持相当稳定的状态	√
		在发展过程中存在明显的精神内涵、表现形式剧变	
凝聚力评价	文化基因的凝聚力及社会动员效果	曾广泛凝聚区域群体的力量，显著推动过社会经济文化的发展	√
		曾部分凝聚起区域群体力量，对社会经济文化的发展产生过影响	
		凝聚过力量，创造过实际的发展动能，但未见对社会经济文化发展产生显著改变	
		仅在历史文献或口耳相传中存在，未见实际介入社会经济发展	
影响力评价	辐射的范围	具有全国性、世界性的影响力	
		具有长三角区域、浙江省影响力	√
		具有市县、乡镇影响力	
	提炼的高度	已经被古代文人士大夫和当代学者提炼为精神符号和理念理论	
		单纯的样式、造型、工艺技术规范	

续表

评价项目	评价因子	评价依据（特点）	是否
发展力评价	与当代精神追求和价值观念的契合	传统文化基因得到创造性转化、创新性发展；区域革命文化基因被完整继承、广泛弘扬；区域社会主义先进文化基因成为与浙江"三个地"相适应的文化高地	√
		部分转化、部分弘扬、部分发展	
		难以转化、难以弘扬、难以发展	
说明：基因特点评价是对解码出来的基因，根据本《导则》表2的要求，围绕"四个力"逐一对表打"√"，进行定性表述			

（一）生命力评价

由于畲族历史悠久，关于其起源，众说纷纭。比较常见的两种说法是"外来说"和"土著说"。外来说者认为畲族源于汉晋时代的"长沙武陵蛮"。持这种观点的主要论据是"武陵蛮"和畲族有共同的盘瓠图腾信奉。持土著说者认为畲族源于周代的"闽"人。"闽"是福建的土著，其遗裔就是今天的畲族。此外，畲族族源还有"越族后裔说""东夷后裔说""河南夷的一支"和"南蛮族的一支"等多种说法。总之，畲族是一个具有自己特点的单一少数民族，其蓬勃的生命力促使其存在至今。如今，是中国少数民族版图中的重要一域。

（二）凝聚力评价

畲族拥有其自身的语言、服装、习俗、节日、传说、山歌、祖先神信仰等，凝聚在一起形成特有的畲族文化，推动形成统一的文化身份认同，具有极强的自身凝聚力。在艺术方面，神话传说、工艺技术、舞蹈祭祀、畲族语言，独特的艺术形式和共同的文化经验，推动着身份认同感的形成。节日方面，三月三、分龙节、祭祖日，特有的传统节日凝聚着畲族人民。习俗方面，斑斓的服饰、古朴的婚俗葬俗、相似的宗教信仰等都不断加强着畲族民众之间的身份认同感和归属感。以上每一种形式都极具独特性与排他性，成为身份标识，建构起文化身份认同，牢固而有力地将畲族凝聚在一起。

（三）影响力评价

畲族"小集中，大分散"的分布特点意味着畲族和苍南地区其他民众是居住在一起的，生活中少不了交流与协作，畲族民众学习周边方言是被影响的一种体现，而生活上的交流意味着一定是一个互相影响的过程。苍南两个畲族民族乡的划分和建设，不但使畲族更具有标识度，而且更凸显出他们的影响力。同时，畲族极具特色的手工艺品、民俗技艺、饮食服饰已经成为苍南的一种地域特色旅游标识，促进了当地旅游业的发展，吸引了很多周边游客，带动了经济发展。

（四）发展力评价

畲族文化独具特色，发展好、利用好它们不但可以传播畲族文化，还能带动经济发展。苍南地区畲族拥有很多优良的文化元素和丰富内容，经过细致开发，一定能够获得文化、经济双重收益。首先，可以提取畲族文化中凤凰图腾、手工艺品图案、文字符号、节日习俗等元素，然后再整合应用到建筑、小品、景观等细节方面。其次，注重体验感，将畲族的故事、音乐、符号等元素与自然景观有机融合，将传统文化糅入旅游节庆活动，让游客切身感受到畲族文化的魅力。苍南在地方上举办的苍南畲族民族风情节，通过三月三吸引游客，展示畲族文化，获得了很大的关注度和影响力。畲族文化的发展前景广阔。

四、文化元素核心基因保存

（一）实物保存

现存有代表性的实物有民居、传统服饰等；多处信仰宫观、拜神场所以及各种民族文化节日如"三月三"等；凤阳、岱岭两个畲族乡，畲族民众三万多人。

现存具有代表性的技艺有彩带、竹编、各种民族饮食制作技艺等。

具有代表性的文学作品有《高皇歌》（又称《盘古歌》《龙皇歌》《盘瓠王歌》）。

（二）文献及相关研究

杨思好、韩当权：《苍南畲族民歌的传承与艺术特征》，《温州文物》2013 年。

刘妙居：《苍南畲族刺绣技艺初探》，《非物质文化遗产研究集刊》2010 年。

王雅琦：《非遗保护背景下畲族民歌的传承与发展——基于浙南畲乡的田野调查》，浙江师范大学硕士学位论文，2020 年。

刘小霞：《浙西南畲族舞蹈的艺术特征探析》，《丽水学院学报》2020 年 01 期。

顾任飞、王莉娜：《畲族布鞋演变解析——以浙南畲族为例》，《西部皮革》2021年13期。

赵翔：《乡村文化资本化：浙南西泗乡畲族"渡亲"习俗演变的社会学分析》，浙江师范大学硕士学位论文，2020年。

刘婷玉：《元明军屯制度与畲族分布格局新探》，《中央民族大学学报（哲学社会科学版）》2019年06期。

陈丽霞：《畲族女性首服发展变迁研究》，浙江理工大学硕士学位论文，2019年。

孟令法：《人生仪礼的口头演述和图像描绘——以浙南畲族盘瓠神话、史诗〈高皇歌〉及祖图长联为例》，《民族艺术》2019年03期。

孟令法：《"主题-并置"的空间叙事：浙南畲族仪式道场的祖图营造》，《河池学院学报》2019年01期。

（三）**影像资料**

《畲族民俗风情》。

《畲族集结地——别具一格的山哈文化》。

《畲族婚俗》。

《三月三：来看畲族"彩色的红"》。

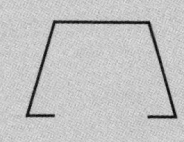

苍南单档布袋戏

玉苍之南 苍南文化基因

苍南单档布袋戏

苍南单档布袋戏

苍南单档布袋戏，属于木偶戏剧种，历史悠久，具有独特的民间戏曲表演形式。它由一座可一个人挑着走的小戏台、一位艺人、数十个小木偶组成，一台戏的表演、道具、说唱均由一个人完成。演出时艺人手、脚、嘴巴并用，边演奏乐器，边执小木偶表演，一个人自问、自答、自唱、自白，唱腔、念白随人物角色变化而变化，不断用"变音"的方法，惟妙惟肖地表现生、旦、净、丑、末等不同人物的不同唱腔、说话及狮吼、虎啸、鸡鸣等声音，表现的人或物栩栩如生，逗、捧、说、唱声情并茂、妙语连珠、诙谐幽默，具有浓郁的生活气息。

苍南单档布袋戏产生于民间、植根于民间社会，融合了民间曲艺的说唱、戏曲和民间文学等艺术形式，以及方言谚语、宗教习俗等民间文化，形成了一种戏剧、曲艺、音乐、雕刻、民间文学等多种文化因素相结合的艺术形态，具有巧、美、奇、简的艺术个性。

苍南单档布袋戏作为一种活化石式的古老木偶戏剧种，一直保存着明清时期木偶戏的风貌，在表演形式与内容等很多方面保存着宋元杂剧和南戏的表演程式，它对于木偶戏的发展、演变及中国戏曲发展历史的研究具有重要的参考价值。2008年6月，苍南单档布袋戏被列入第二批国家级非物质文化遗产保护名录。

一、文化元素分解

（一）物质要素

1. 浙闽人口迁徙流动与文化传播

苍南地处温州最南端，紧邻福建，素有"浙江南大门"之称，历史上，苍南地区始终与福建保持着频繁的人口迁徙及移民活动，同时也促进了两地文化的交流与传播。根据苍南布袋戏的表演风格、使用闽南方言道白、在闽南方言区域行演等特征，苍南布袋戏应源于闽南布袋戏的南派，即"晋江派"，在清代中后期随福建移民引入温州。

2. 精巧独特的表演道具

苍南单档布袋戏最为鲜明的特征是道具精巧独特，主要道具有戏棚、戏偶与乐器、兵器等，所有表演道具都可装成箱担，由艺人一肩挑着行走。戏棚，即艺人随带的戏台，这是苍南单档布袋戏最突出的特点之一。传统戏棚长、宽均约为110厘米，高约150厘米，由上、下两截组成，均可装可卸，搭装完整后，整个戏棚雕梁画栋，外观像一座富丽堂皇的戏楼，故又称"彩楼"。戏偶，是单档布袋戏表演的主要形象道具，根据戏曲舞台人物与现实生活人物为蓝本进行雕刻绘制，造型质朴简洁，生动形象。除了戏棚及戏偶之外，单档布袋戏表演还需各类乐器、武器及动物偶等道具。

单档布袋戏"彩楼"

3. 历史流传下来的丰富表演剧目

苍南单档布袋戏的表演剧目十分丰富，有连台本、单本、插出等多种形式，有手抄本传承的提纲本和内容来源于社会流行的话本小说或坊刻曲艺说书本、词话本的改编本，还有一部分并无文学脚本流传，只是艺人口口相传，由民间艺人自编的"讲书本"，也可由表演者从传统小说中自由取材，根据小说情节及人物出场的先后，再编上相应的唱词，或套上相应角色的"套词"自编自演。常演节目有《隋唐演义》《黄恩佩义》《绿牡丹》《大清传》《玉刺刀》等单本戏以及《武松打虎》等折子戏。现代演出，有时要加演宣传性的小节目，如计划生育、禁毒、新农村建设等内容，均由艺人自编自唱。据调查，苍南现有手抄和录音剧目80多种、300余本。

（二）精神要素

1. 独具趣味的创作理念

苍南单档布袋戏作为一种独特的喜剧表演形式，其表演能带给大众娱乐与趣味，因此其创作追求需诙谐而有韵味，嬉笑怒骂，充满俚俗之趣，蕴含着机警和活力。艺人对人情世故、乡土掌故、俚俗谚语、诙谐笑话等方面无不精通，口齿伶俐，通过巧思及组合，将许多方言俗语通过角色人物之口在剧情发展之恰当处抖出，给观众以愉悦，以博得观众的喝彩，还能娴熟运用表演技巧，栩栩如生、妙趣横生地表现人或物。

2. 贴近民众的核心思想

苍南单档布袋戏主要在山区农村行演，表演面向群体多为普通百姓，单档布袋戏在发展过程中，始终贴近民众，与民众的生活紧密相连，具有强有力的亲民性，其别具一格的表演形式、表现内容具有浓郁的生活气息。

（三）制度要素

1. "一个人一台戏"表演制度

苍南单档布袋木偶戏需要一位艺人完成整场演出，这便要求艺人掌握高超的表演技艺。首先在于戏偶的操纵。五个手指头和手臂的运转,能够将木头做的戏偶表演得栩栩如生。主要靠艺人凭借手指、手掌和手腕的活动,来表现人物角色的动作和情感变化。其次在于道白与演唱。一个人一张口,能够表现生旦净末丑的不同声腔。一个人一张嘴巴、一双手、两只脚,既要执戏偶表演,又要运用不同的声腔说唱,还要打击伴奏乐器,三项表演内容由一个人负责同时完成,其中各有技巧。

2. 固定流程的表演程式

苍南单档布袋戏的表演,有着其固有的独特程式,这些表演的程式贯穿单档布袋戏表演的始终。如开场,又称"闹台""打头通",是一种招徕观众的方法,意在告知观众戏要开场了,速速放下手中的活儿,前来看戏。又如庆八仙,又称打八仙。做"寿戏""还愿戏""佛戏",或请戏的地方有喜事,头通闹台之后,第一场正式演出之前要打八仙。台吟、坐台白,不同类型的戏,由不同的角色最先出场,这个人物出场的第一段道白称"台吟",紧接台吟的自我介绍式的道白,称"坐台白"。又如路歌或船歌。戏曲中的人物角色,要出远门,如上京赴考等,单档布袋戏以唱路歌或船歌作为过渡。又如中场休息,苍南单档布袋戏一般一天演出两场,下午一场,晚上一场,每场的演出时间一般为3个小时,每场演至一个半小时左右,中间要休息5—10分钟。再如扫台,艺人在一个地方演好最后一场戏后,要行扫台仪式,意为欢送前来看戏的地方神灵,遣送前来看戏的鬼怪,祝福地方平安、观众幸福安康。

3. 奇妙精巧的演绎设计

苍南单档布袋戏在戏棚和人偶的设计、道具的摆设、唱腔道白的科学发声等方面极为奇巧。如通过木偶头的转换,一个人偶可用于表演多个人物,人偶头后有孔可用于挂钉的设计。又如戏棚前后空间的充分利用,偶人、乐器、道具等的精确摆设。戏棚棚前支柱的巧妙设置,不仅起支撑的作用,还可以设挂锣的位置和以脚打锣的机关。棚上小台屏上方既可以作为天上神仙角色看人寰的所在,又可以作为戏中人物偷听和窥视他人行迹处所的两个小窗。又如艺人一人演多角的巧嘴以及娴熟的四肢并用的技巧。

（四）语言与象征符号

1. 简而不陋的演绎形式

一肩担，一个人，戏棚随处可搭，戏随处可演，单档布袋戏简便而经济实惠，适合在山区流动表演。单档布袋戏简而不陋，戏棚虽简，但装饰得精巧而典雅；戏偶虽简，却靓丽美观而蕴含机巧；语言简洁明了，但又精辟、诙谐而有韵味，嬉笑怒骂，充满俚俗之趣，蕴含着机警和活力。

2. 独具个性的艺术绘制手法

单档布袋戏戏偶综合运用木头雕刻、脸谱绘画、刺绣装饰等多项工艺技术，以对称、对比、调和的艺术法则，使用造型、线条、色彩等艺术语言，以写实、夸张、变形、提炼、概括、具象点缀等艺术手段制作而成，戏偶不同的造型风格和各异的工艺表现手法，蕴含着制作艺人的创造力，堪比精美的工艺美术作品。

单档布袋戏戏偶

二、文化元素核心基因提取

  贴近民众、独具趣味使得单档布袋戏百年来立足苍南，不断发展，渗透于乡民的生活之中；艺人高超的表演技艺、独特的表演程式与习俗以及奇妙精巧的演绎设计，是苍南单档布袋戏得以一人成就一台戏的决定因素；简而不陋的表演形式及特色鲜明的戏偶形象是苍南单档布袋戏极具特色的象征符号。

三、文化元素核心基因评价

苍南单档布袋戏文化基因评价依据

评价项目	评价因子	评价依据（特点）	是否
生命力评价	文化基因存续的时间	自出现起延续至今，未曾明显中断	√
		自出现起延续至今，但多次衰微、中断后复兴	
		曾明显衰败，改革开放后开始复兴或历史溯源关键环节缺失，难以考证	
		文化形态主体已灭失，现存部分痕迹	
	文化基因的稳定性	在发展过程中保持相当稳定的状态	√
		在发展过程中存在明显的精神内涵、表现形式剧变	
凝聚力评价	文化基因的凝聚力及社会动员效果	曾广泛凝聚区域群体的力量，显著推动过社会经济文化的发展	
		曾部分凝聚起区域群体力量，对社会经济文化的发展产生过影响	
		凝聚过力量，创造过实际的发展动能，但未见对社会经济文化发展产生显著改变	√
		仅在历史文献或口耳相传中存在，未见实际介入社会经济发展	
影响力评价	辐射的范围	具有全国性、世界性的影响力	
		具有长三角区域、浙江省影响力	√
		具有市县、乡镇影响力	
	提炼的高度	已经被古代文人士大夫和当代学者提炼为精神符号和理念理论	
		单纯的样式、造型、工艺技术规范	

续表

评价项目	评价因子	评价依据（特点）	是否
发展力评价	与当代精神追求和价值观念的契合	传统文化基因得到创造性转化、创新性发展；区域革命文化基因被完整继承、广泛弘扬；区域社会主义先进文化基因成为与浙江"三个地"相适应的文化高地	
		部分转化、部分弘扬、部分发展	√
		难以转化、难以弘扬、难以发展	
说明：基因特点评价是对解码出来的基因，根据本《导则》表2的要求，围绕"四个力"逐一对表打"√"，进行定性表述			

（一）生命力评价

苍南单档布袋戏自清代中后期随福建移民引入温州，历经百余年的发展，一代代艺人在传承中进行创新，谋求单档布袋戏剧目内容的丰富性、演绎的趣味性，独特的艺术表现形式丰富着苍南民众的精神世界。随着社会发展，娱乐方式的多样化，苍南单档布袋戏虽生存空间逐渐减缩，但仍不断谋求与时代相契合，如创作有关禁毒、新农村建设等内容的宣传性节目，保持着一定的生命力。

（二）凝聚力评价

苍南单档布袋戏植根于当地的民俗、礼仪和娱乐活动，一方戏台汇聚一地百姓，特殊的语言、腔调，独特的戏剧形式与感情表达，促使地方民众产生群体身份的认同，凝聚地方社会力量；苍南单档布袋戏仍保持着师徒传授的传承形式，师徒始终保持着密切的关系，在学艺期间徒弟与师傅同吃、同睡，时刻接受师傅的教导，保持着强大的凝聚力与向心力。

（三）影响力评价

苍南单档布袋戏作为一种独特的戏剧表演形式在浙南民间流传上百年，深受浙南民众的喜爱，苍南单档布袋戏于2008年6月被列入第二批国家级非物质文化遗产保护名录，其精巧的设备、独特的表演技法、深厚的文化内涵，赢得众多专家学者与观众的青睐。现今，苍南单档布袋戏不断拓展文化发展空间，相关传承人和有关专家到中小学校、大专院校及图书馆开展相关传承活动，并通过网络媒体广泛开展宣传，扩大其影响力。

（四）发展力评价

在大力发展精神文明建设的新时期，苍南地方政府将苍南单档布袋戏的文化元素融入苍南地方文化建设之中，融入当地中小学校的兴趣教学，融入现代学校德育教育，融入地方景区、社区礼堂、新型乡村休闲娱乐场所等；深入剧本创新，紧密结合时代性，融入当地政府文化工程项目建设。同时，苍南单档布袋戏还借用电视以及网络进行传播，推出系列性布袋戏剧集，采用影视化的制作手段，将布袋戏以动漫、电影等形式呈现。加强布袋戏与文化产业的联动，布袋戏可与多方跨界合作，增加布袋戏的表现形式，持久焕发苍南单档布袋戏的生命力。

四、文化元素核心基因保存

现有苍南单档布袋戏多位代表性传承人及相关的证据材料。其中代表性传承人有吴明月、黄朱璜。

（一）实物保存

戏楼、戏偶、剧本、乐器、武器等道具。

（二）文献及相关研究

黄朱璜：《苍南县大型布袋戏》，1985 年，手抄本。

徐宏图：《浙江戏剧史》，杭州出版社，2010 年。

杨思好：《苍南单档布袋戏》，浙江摄影出版社，2014 年。

杨思好：《苍南单档布袋戏的艺术特征》，《东方博物》2011 年 04 期。

（三）影像资料

《夹缬之恋》。

《指上春秋——苍南单档布袋戏》。

《苍南单档布袋戏之大闹天海山》。

《苍南单档布袋戏之兵书宝剑》。

苍南翠龙茶

玉苍之南　苍南文化基因

苍南翠龙茶

苍南翠龙茶

　　翠龙茶是浙江苍南的传统名茶,产于八亩后村的五岱山上。该地处于浙闽交界地带,属亚热带季风气候,冬夏季风交替显著,四季分明,气候温和,无霜期长、降水量多,适合茶叶生长,被誉为"中国茶文化之乡"。翠龙茶鲜叶采摘标准为一芽一叶,要求芽叶大小匀齐,芽叶长不超过2厘米;采摘期较早,一般是在春分与清明之间。采回的鲜叶需进行拣剔，清除病叶、碎片等，使之整齐纯净。茶叶炒制工艺可分为杀青、青锅、回潮摊凉、辉锅四道工序。翠龙茶茶叶外形扁平直，色泽翠绿，香气清高持久，滋味醇和甘甜，汤色翠绿明亮，茶叶成朵嫩绿明亮。品尝过后，令人不由得发出"芳香四溢""沁人肺腑"的感叹。除了良好的口感之外，翠龙茶还有丰富的营养价值和药用价值，茶叶内含化合物多达500种左右，对人体有较高的营养价值。还有一部分化合物对人体有保健和药效作用。

苍南翠龙茶至今已经获得多项荣誉，影响力日增。如在1997年曾获省二类名茶称号，1999年又在浙江省第十三届名茶评比会上被评为省一类名茶。曾荣获中国精品名茶博览会金奖、上海国际茶博览会绿茶类金奖。2004年在中国宁波国际茶博览会上获中绿杯金奖。在2008年，翠龙茶获取国家证明商标，是温州农产品首度获得国家地理标志商标之一。翠龙茶在各种茶类奖项中斩获良好声誉的同时，苍南县政府也在为扩展翠龙茶的影响力而不断努力。2006年，苍南县政府开始每年举办温州（苍南）开茶节，为翠龙茶积蓄人气；2015年，八亩后村投入3000多万建设"茶海十景"，发展生态休闲观光旅游和创办茶叶生态旅游度假村，助力翠龙茶产业发展。

一、文化元素分解

（一）物质要素

1. 优越的地理位置与适宜的气候

五岱山位于八亩后村，原本该村群山连绵、交通闭塞，文化、经济较沿海地区相对落后。但从种植茶叶的角度看，八亩后村地理位置相当优越，它属于亚热带季风气候，冬夏季风交替显著，四季分明。年平均气温在14—18摄氏度，年平均无霜期为208—288天，年平均降水量为1670毫米，耕地面积广，土地资源丰富，能够大面积种植茶叶。这些条件保证了优质茶叶的来源。

自然地理条件优越的五凤茶园

2. 翠龙茶具有丰富的营养价值和药用价值

翠龙茶是一种高山绿茶，茶叶内含化合物多达 500 种左右，这些化合物中有些是人体所必需的成分，如维生素类、蛋白质、氨基酸、类脂类、糖类及矿物质元素等，它们对人体有较高的营养价值。还有一部分化合物是对人体有保健和药效作用的成分，称之为有药用价值的成分，如茶多酚、咖啡碱、脂多糖等，对人体能起到抗氧化延缓衰老的作用。这保证了茶叶在日常生活中的实用价值。

（二）精神要素

1. 百姓对当地茶叶的认同，万众一心的团结协作精神

翠龙茶之所以能够走出苍南，成为苍南的一张名片，与当地对翠龙茶的认可密不可分。这种认可，促使当地政府、企业、茶农不断挖掘自身茶叶优势，不断优化它，使其呈现出如今的面貌。由于地处偏僻，文化、经济相对落后，其制茶思想观念陈旧，产品文化内涵单一、科技含量低，导致茶叶外销渠道不畅通，难以打开销路和市场，品牌在市场上缺乏竞争力，茶叶以内销为主。意识到问题之后，政府、企业、茶农进行多方努力，促进当地茶产业的发展，推行了一系列措施，涉及新包装、传播茶文化、吸引优秀人才、优化品牌建设、拓展茶文化内涵，打破了茶叶仅限地方区域内销的局面，才成功将翠龙茶推广出去。

2. 融合当下的时代精神

绿茶的功效使其与当今养生潮流紧密挂钩。茶叶所具有的茶多酚有很强的抗氧化性和生理活性，是人体自由基的清除剂，具有抗氧化、防辐射、抗衰老、降血脂、降血糖、抑菌抑酶等多种保健作用。除此之外，茶多酚还具有直接杀伤癌细胞和提高机体免疫能力的功效。茶叶中所具有的茶碱和咖啡因还可以经由许多作用，减少脂肪细胞堆积，达到减肥功效。在文化传统上，很多中国人也乐于接受茶叶保健功效的宣传和营销。

（三）制度要素

1. 精益求精的制作程序

翠龙茶的制作每一步都极其讲究，大致可以分为六个环节。（1）鲜叶采摘：苍南翠龙茶鲜叶原料采于当地群体种茶园或不带茸毛的早芽良种茶园，

如龙井43、乌牛早等。春分前后开始采摘，采摘标准按不同等级要求分为一芽一叶初展、一芽一叶、一芽二叶初展，要求芽叶大小匀齐，芽叶长度不超过2厘米。采下的鲜叶要达到"嫩、鲜、匀、净"的标准。（2）鲜叶摊放：鲜叶采下后先经拣剔，清除碎片、病叶、鱼叶、蒂头、杂物等，再把鲜叶薄摊在竹匾上。摊放时间一般为6—14小时。当鲜叶青草气散发，叶片变软，减重率达10%—15%时，便可付制。（3）炒青锅：青锅每锅投叶量为100—150克，开始时锅温为90—100℃，之后降到70—80℃。炒青锅时间一般控制在13—15分钟。具体炒制方法为：开始时以抖炒为主，经3—4分钟，待叶子萎软，叶色由青绿转为深绿时，采用抹、抖、搭有序结合的手法，将茶条理顺、炒直、炒扁，大约历时4—5分钟；当叶子干瘪，茶条不互相黏连时，改用抹、搭为主，手势逐渐加重，促使茶叶更趋扁平；炒至茶叶能散得开，茶身挺直时，就可以起锅。炒青锅叶片减重率为60%—65%。（4）回潮、簸片、筛分：青锅叶先经过回潮摊凉后，用软口畚箕簸去片末，再用3孔筛撩出粗头，以便分档辉炒。（5）辉锅：每锅投青锅叶200—250克，锅温60—70℃，时间20—25分钟。炒制方法为：投叶后3—4分钟内，锅温要稍高一点，炒制动作以抹、抖、搭为主，以后抖的次数逐步减少，并以甩代抖，待茶叶较滑手时，降低锅温，转为轻抓轻推，用力逐步加重，将茶身抓直推扁。炒至茶叶有刺手感时，用力减轻，轻抓轻推少时，转为荡磨，锅温稍升高，促使茶叶外形光滑，香气增高，经3—4分钟便可起锅。辉锅时要尽量把大部分茶叶抓在手中，要做到"手不离茶、茶不离锅"，否则，会产生"空壳燥"、焦点、茶末多等不良现象。（6）筛分、割末、辉头子：经辉锅的茶叶要用4孔筛撩出头子，筛底茶割去茶末，把头子茶再辉炒一遍，使其色泽、条形、干度都符合成品茶质量要求。然后把辉炒的两种茶叶进行拼堆、装袋，用灰缸贮藏。

2. 突破原有思维的创新制度

翠龙茶品牌的成功，离不开当地政府、企业、茶农的努力，不断挖掘自身茶叶的优势，不断优化流程和产业链，才使其呈现出了如今的面貌。这本身就是各方力量突破原有思维和框架的制度创新和改革。

（四）语言与象征符号

1. 宁静随和、清新淡泊、娴雅的茶文化韵味

茶树在生长过程中，顺应四时，默默然与世无争。茶叶具有内敛不浮华之秉性，它在壶中静静浮沉，悄然绽放。喝茶让人的心更静，茶中的苦、涩、鲜、甜、香气成分，混合成一个让人喜欢的茶味。翠龙茶的颜色清新翠绿，茶叶叶形优美，这样的茶喝到身体里，血压会稍降，肌肉会放松，精神状态更好，人会不由自主变得淡泊沉静、气度娴雅。

2. 翠龙茶之"翠龙"的名称意象

"翠龙"一词暗含其品质卓越，深具传统文化的意境之美，同时又饱含美好祝愿和奋发向上之气象，如其茶香般能让人回味和思量。

二、文化元素核心基因提取

八亩后村五岱山独特的自然地理环境为茶叶的生长和良好品质创造了优越的自然条件，苍南民众对于翠龙茶的认可和各方通力协作对整个产业链的打造；翠龙茶自身丰富的茶文化韵味；翠龙茶在苍南以外地区的影响力提高，成为苍南地区的一张"金名片"。

三、文化元素核心基因评价

苍南翠龙茶文化基因评价依据

评价项目	评价因子	评价依据（特点）	是否
生命力评价	文化基因存续的时间	自出现起延续至今，未曾明显中断	√
		自出现起延续至今，但多次衰微、中断后复兴	
		曾明显衰败，改革开放后开始复兴或历史溯源关键环节缺失，难以考证	
		文化形态主体已灭失，现存部分痕迹	
	文化基因的稳定性	在发展过程中保持相当稳定的状态	√
		在发展过程中存在明显的精神内涵、表现形式剧变	
凝聚力评价	文化基因的凝聚力及社会动员效果	曾广泛凝聚区域群体的力量，显著推动过社会经济文化的发展	√
		曾部分凝聚起区域群体力量，对社会经济文化的发展产生过影响	
		凝聚过力量，创造过实际的发展动能，但未见对社会经济文化发展产生显著改变	
		仅在历史文献或口耳相传中存在，未见实际介入社会经济发展	
影响力评价	辐射的范围	具有全国性、世界性的影响力	
		具有长三角区域、浙江省影响力	√
		具有市县、乡镇影响力	
	提炼的高度	已经被古代文人士大夫和当代学者提炼为精神符号和理念理论	
		单纯的样式、造型、工艺技术规范	

· 218 ·

续表

评价项目	评价因子	评价依据（特点）	是否
发展力评价	与当代精神追求和价值观念的契合	传统文化基因得到创造性转化、创新性发展；区域革命文化基因被完整继承、广泛弘扬；区域社会主义先进文化基因成为与浙江"三个地"相适应的文化高地	√
		部分转化、部分弘扬、部分发展	
		难以转化、难以弘扬、难以发展	

说明：基因特点评价是对解码出来的基因，根据本《导则》表2的要求，围绕"四个力"逐一对表打"√"，进行定性表述

（一）生命力评价

苍南地区种茶历史十分悠久，早在五代时期，苍南已盛产茶叶，吴越国政府在钱库镇南茶寮、北茶寮搭草寮专供茶户居住，收取茶税充实国库，留下了这两个至今还在使用的村名。乾隆《平阳县志》载："茶出南北港多。"如今，"翠龙茶"已经成为一个家喻户晓的名字，拥有蓬勃的生命力。

翠龙茶不仅其自身具有生命力，也为所在地区赋予生命力。盛产翠龙茶的八亩后村，原本长期处于隔绝状态，经济、文化较沿海、平原地区落后，但伴随着翠龙茶的推广，该地成立"茶文化中心"研究和提升茶文化，翠龙茶带动着当地经济，赋予当地活力。

（二）凝聚力评价

食物能够唤起对地方的记忆，食物中藏着最质朴的地方情感。翠龙茶在苍南拥有悠久历史，被当地民众广泛知晓和接纳，已成为人们生活中的一部分，凝聚着地方情感，成为苍南文化标识的一部分。正是因为这份认同，当地政府、茶农和民众才会不遗余力地推广翠龙茶，使翠龙茶走出苍南，

成为苍南县的一个身份标签。

（三）影响力评价

翠龙茶原本只是苍南地区民众生活中的普通茶叶，后来在各方的努力推动下，翠龙茶在各种茶类奖项中斩获良好声誉，在省级、国家级、国际上频频获奖，翠龙茶的影响力在不断提升。1997年，翠龙茶获省二类名茶称号；1999年在浙江省第十三届名茶评比会上被评为省一类名茶；2003年，分别荣获中国精品名茶博览会金奖、上海国际茶博览会绿茶类金奖、浙江省第15届名茶评比一类名茶；2004年，在中国宁波国际茶博览会上获中绿杯金奖；2005年，在浙江绿茶博览会上获金奖名茶；2007年，在中国（温州）特色博览会上获名优产品金奖；2009年，获温州名优早茶评比金奖。在2008年，翠龙茶获取国家证明商标，是温州农产品首度获得国家地理标志证明的商标之一。

（四）发展力评价

翠龙茶具有良好的发展前景。首先，在品质上，翠龙茶口感醇厚、沁人心脾，茶园以五凤茶园为核心种植基地，整个产业链中优良的品质控制使其具有核心竞争力。其次，在推广上，个性化的包装设计、茶文化内涵的拓展，使其销路更加顺畅。再次，在产品创新上，对于茶叶的推广不再局限于对茶叶的销售，而是设计出更多与茶相关的产品，比如茶类糕点、茶面膜等，使茶类产品更加丰富。最后，在营销活动上，积极举办各类体验活动，让顾客参与到制茶过程中，拥有更加充实的茶文化体验。综上所述，翠龙茶拥有良好的发展力。

四、文化元素核心基因保存

（一）实物保存

苍南翠龙茶的代表性品牌"五凤香茗"于2003年成立，在传承翠龙茶技艺方面作用突出。除此之外，良好的市场营销策略也使得翠龙茶得以继续保存。代表性的茶叶种植和体验基地：五凤茶园。

（二）文献及相关研究

方玉洁、王新秀、徐丽、王鑫、林大为、徐攀：《乡村振兴背景下八亩后村茶产业发展策略研究》，《南方农业》2020年08期。

陶悦清、车轶婳：《温州"最美茶园"诞生记，背后是一个茶乡的蜕变》，《茶博览》2019年04期。

王克祥：《今年早茶市场红红火火》，《中国食品报》2010年04月12日。

肖新华：《温州证明商标实现零的突破》，《温州日报》2008年06月03日。

（三）影像资料

《温州茶·其中坊》。

《苍南翠龙茶》。

苏渊雷

玉苍之南　苍南文化基因

苏渊雷

苏渊雷像

　　苏渊雷于 1908 年出生于浙江苍南玉龙口，原名中常，晚署钵翁。苏渊雷的一生波澜壮阔，传奇曲折：青年时期主要从

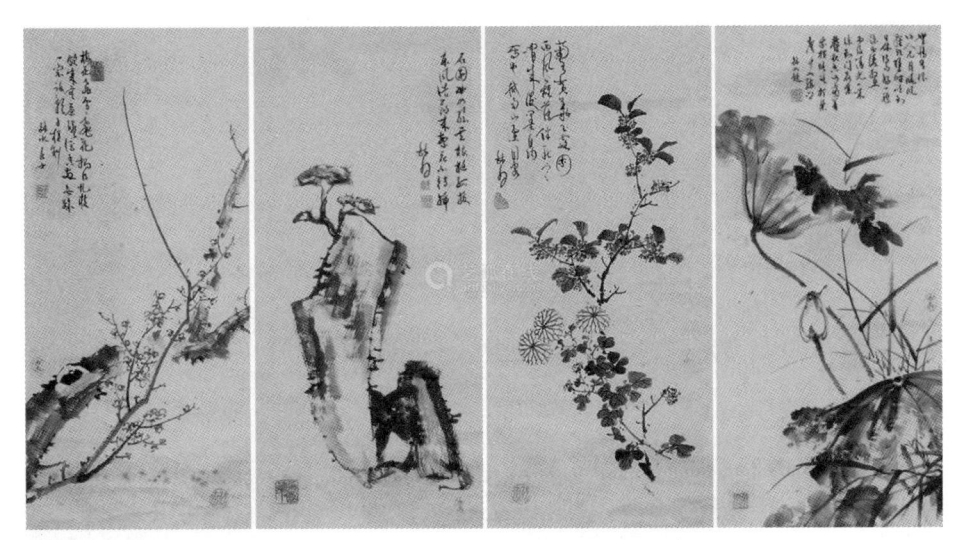

苏渊雷书画作品

事革命事业,此后则以学术研究为主,是我国当代著名文史家、诗人、书画家,是伟大的"诗人、战士、学者",曾获首批国务院颁发的"有突出贡献专家"荣誉称号。

苏渊雷幼年丧父,孤儿寡母,常被欺凌,他于青年时期便投身革命,积极参加爱国运动,1926年加入中国共产党,1927年"四一二"反革命政变后被捕,直至1933年被保释出狱。后又在上海继续参加党的外围工作。抗日战争全面爆发后,他积极投身抗日救亡活动,始终对革命事业的成功抱有坚定的信念,对祖国、人民、和平怀抱着满腔的热忱和希望。

苏渊雷幼时受教于外祖父,深受中国古典文化的熏陶。多年来,孜孜不倦,笔耕不辍,在文、史、哲及佛学诸方面均有杰出建树,先后出版著作《玄奘》《读史举要》《佛教与中国传统文化》《中国思想文化论稿》《钵水斋文史丛稿》等,并点校《五灯会元》,被誉为"文史哲兼擅,诗书画三绝"。曾任华东师范大学教授、中国孔子基金会理事、中华诗词学会顾问、全国佛教协会常务理事、上海佛教协会副会长、上海书法家协会名誉理事等。

一、文化元素分解

（一）物质要素

1. 饱经忧患的成长环境

苏渊雷于清末出生于苍南钱库玉龙口一个小康之家，但因父亲早逝，孤儿寡妇，时见欺凌，其自述："余生四岁而孤，兄弟二人惟孀母是依，灯影机声下每睹慈容哀戚，辄悲不自胜。伤感之质，盖植根于此。"儿时，每见地主闯入佃户家催租逼债，翻箱倒笼，或仗势欺人，他总不胜愤懑，对被侮辱和被损害者每寄同情。少年时期的成长经历，使他逐渐形成了愤世嫉俗和悯物煦悲的性格，也是他日后投身救亡运动和倾向民主革命的重要契机，也为他从事传统文化事业奠定了性情基础。

2. 文化资源丰富的家族条件

苏渊雷家境小康，为读书人家；幼年从学于外祖父，接受了良好而系统的中国传统文化的教育和训练，尤其是对于诗词的感悟和理解能力，都有赖于幼学的根基和家境条件的支持。

（二）精神要素

1. 矢志不渝的革命精神

自青年时期，苏渊雷便积极投身学生组织与革命运动，始终坚持理想与信仰，矢志不渝弘扬革命精神。1925年，"五卅"

惨案发生,他在震惊之余,受社会主义思潮影响,阅读了《共产党宣言》《共产主义ABC》《新青年》等书刊,并结合现实,发表了《十月革命放歌》长诗。1926年4月加入共青团,同年秋,转为中共党员,任中共温州独立支部宣传委员。他曾任温州学生联合会主席,并出席在广州举行的全国第八届学代会,参加了张太雷主持的党团活动。回温州后,撰写了《粤游新记》,宣传广东的革命新气象,并赴瑞安、平阳、乐清各县宣传革命。1927年,因"四一二"反革命政变而被捕入狱,直至1933年6月,方被旅杭温州同乡会长、水利专家林同庄先生设法保释出狱。后又在上海与先后出狱的同志陆续会齐,参加党的外围工作。抗日战争全面爆发后,他积极投身救亡活动,南京沦陷前,接办《抗敌周报》,出至最后一期才撤离。1938年,在任军医署长胡兰生秘书时,曾设法拨给八路军大批医疗器材和药物。1939年撤至重庆后,先后任教职于中国地政研究所、中央政治学校、国立体专、立信会计等学校,因所授哲学课程介绍马克思主义,与学校当局不合,不久即辞职。为了实现崇高的革命理想,苏渊雷坚定不移地向曲折的人生道路挺进,始终对革命事业的胜利抱有坚定信心。

2. **赤胆忠心的爱国热情**

苏渊雷曾言:"只有对祖国有深切的了解,才会有助于自己的祖国。"当1919年五四运动爆发之时,苏渊雷年仅十二岁,便自觉响应,积极参加爱国运动,为拒签和约与收回青岛问题抗争;抗战前夕,华北吃紧,发表长诗《万里长城的控诉》,通过笔杆子唤起同仇敌忾之心;上海解放初,首先响应大公报《我爱中国》的征文,名列第一;抗战胜利,栖于海上,迎接全国解放。先生常年坚持为祖国的解放、为人民的幸福、为来之不易的和平而奋斗,包含着满腔的热忱。

3. **发愤忘忧的豁达心态**

苏渊雷一生经历波折坎坷,充满磨难,但他始终怀着乐观豁达的心态,坚定不移地向曲折的人生道路挺进。其幼年丧父,孤儿寡母,时受欺凌,幼年的经历成为他投身救亡运动和倾向民主革命的重要契机;后因"四一二"反革命政变入狱六年,但在狱中顽强斗争,博览群书,并学习马列主义、英语等;1958年反右"补课"时,苏渊雷又被错划为"右派",从华东师范大学调到哈尔滨师范学院,其感叹"吾生已惯波三折,放眼乾坤日月长",发愤忘忧,将酝酿多年的写作计划付诸实行;而十年"文革"时期,又遭冤屈,插队落户,不久被勒令"退休",返回家乡,直至1979年,才重返华东师范大学历史系任教。生活的磨难没有磨灭苏渊雷的意志,凭借乐观的心态,他在忧患中获得新生,养成了不忧不惑、不畏不惧的性格。

4. 锲而不舍的学习精神

苏渊雷一生博览群书,刻苦钻研,笔耕不辍,不论环境如何艰苦,从未放弃读书研究。其五岁发蒙,就学于私塾,随侍外祖父数年,受其古典诗歌方面的熏陶,后入学南雁荡会文书院,师从张汉杰进修古典文学,始读《左传》《战国策》,唐宋八大家文及古近体诗,并其他韵语。就读浙江省立第十师范学校时,即已嗜读《庄子》《楚辞》《史记》《汉书》《文选》《世说新语》《维摩诘经》等,养成了广泛阅读文史的兴趣,毕业时,毅然立下研索文史哲学的志愿。后在狱中仍与同囚战友们以昂扬的斗志,学习马列主义经典著作,《通俗资本论》《经济学大纲》《帝国主义论》等,自修英语,阅读《罪与罚》《屠场》《马丁·伊登》等多种原本小说和《物种原始》《比较宪法》《欧洲政府》《社会学导论》《狄慈根哲学论集》,以及其他如《世界革命史》《世界史纲》《古代社会》等著作,并涉猎佛典、《圣经》、《易藏丛书》,点校《相台本五经古注》及《章氏丛书》,并写成了第一部学术专著《易学会通》,凡五万余言。出狱后,在从事革命活动的同时,仍不忘读书,通读《王船山遗书》《元曲选》《东坡全集》《资治通鉴》《云笈七签》,遍阅历代笔记小说;先后发表了《文化综合论》《宇宙疑谜发展史》《孔学三种》等论著;并分纂《辞林》及李石岑和张栗原主编的《哲学词典》中有关古典哲学部分的条目。1943年,先生于重庆创办"钵水斋"书肆,以文会友,刊行《钵水斋丛书》数种,出版了《宋平子(衡)评传》《玄奘新传》等书。后就任中华工商专科学校教授兼总务长之职,自印《钵水文约》《学思文粹》,兼为《新民报》写专栏文字《苏子语业》。新中国建国初期,苏渊雷作为华东师范大学历史系教授,兼民盟上海市委宣传委员会副主任，发表论文多篇；直至1958年反右"补课"时，被错划为"右派"，调到哈尔滨师范学院，苏渊雷反将酝酿多年的写作计划付诸实行。后又经历十年"文革"，复遭冤屈，插队落户，但学术研究始终不辍，除《读史举要》成书外，其间又陆续发表了《论龚自珍》《风雅新论》，兼及诸子、佛学研究，写成《孔学四论》《佛学通讲》各数万言，改写《玄奘新传》，编辑历年所作诗词为《钵水斋集》。1976年10月，写成《论诗绝句》七十余首；1979年返沪复职后，从事禅宗语录《五灯会元》的校点和《王渔洋选集》的选注工作。苏渊雷的研究内容广泛，兼具文史哲及佛学，治学严谨、学以致用，其读书治学的方法在今天仍然具有重要的启发意义。

（三）制度要素
广益多师，批判综合的治学方法

苏渊雷在治学方法上，广益多师，博览群书，广泛吸收古今中外学术思想。研读晚清启蒙思想家康长素、谭复生、梁任公、严几道、章太炎等论治，并深受陈仲甫、鲁迅、郭沫若等人反抗既成权威态度的影响，更新对社会的认知理解。苏渊雷认为："古今中外一切学问的总归趋，无非是帮助我们对于世界获得更彻底的认识，对于思维获得更严密的训练，对于人生获得更合理的态度。"因此试图演绎古今圣哲的绪论，融会文史科学的精华，进行批判与综合，认为对于"西学"与"国故"作出合理的批判，方能建设谨严灿烂的新文化体系。

（四）语言与象征符号
"文史哲兼擅，诗书画三绝"的美誉

苏渊雷毕生从事文化事业。他眼

苏渊雷文集（全四册）

明手快，援笔成文，出口成章；余事书画，被誉为"文史哲兼擅，诗书画三绝"。他一生不但著述等身，还为后人留下了无数的书画作品，他的书画作品运笔流畅，气韵潇洒超逸，既承袭了中国传统文化的技法和韵味，又自成一格，是当今不可多得的宝贵精神财富，也可以看作是苏渊雷先生的精神和学养之显现和象征。

二、文化元素核心基因提取

  饱经忧患的成长环境是苏渊雷日后投身救亡运动和倾向民主革命的重要契机；矢志不渝的革命精神、赤胆忠心的爱国热情、发愤忘忧的豁达心态、锲而不舍的学习精神成就了他"诗人、战士、学者"伟大的一生；广益多师，批判综合的治学方法。

三、文化元素核心基因评价

苏渊雷文化基因评价依据

评价项目	评价因子	评价依据（特点）	是否
生命力评价	文化基因存续的时间	自出现起延续至今，未曾明显中断	√
		自出现起延续至今，但多次衰微、中断后复兴	
		曾明显衰败，改革开放后开始复兴或历史溯源关键环节缺失，难以考证	
		文化形态主体已灭失，现存部分痕迹	
	文化基因的稳定性	在发展过程中保持相当稳定的状态	√
		在发展过程中存在明显的精神内涵、表现形式剧变	
凝聚力评价	文化基因的凝聚力及社会动员效果	曾广泛凝聚区域群体的力量，显著推动过社会经济文化的发展	
		曾部分凝聚起区域群体力量，对社会经济文化的发展产生过影响	√
		凝聚过力量，创造过实际的发展动能，但未见对社会经济文化发展产生显著改变	
		仅在历史文献或口耳相传中存在，未见实际介入社会经济发展	
影响力评价	辐射的范围	具有全国性、世界性的影响力	√
		具有长三角区域、浙江省影响力	
		具有市县、乡镇影响力	
	提炼的高度	已经被古代文人士大夫和当代学者提炼为精神符号和理念理论	
		单纯的样式、造型、工艺技术规范	

续表

评价项目	评价因子	评价依据（特点）	是否
发展力评价	与当代精神追求和价值观念的契合	传统文化基因得到创造性转化、创新性发展；区域革命文化基因被完整继承、广泛弘扬；区域社会主义先进文化基因成为与浙江"三个地"相适应的文化高地	√
		部分转化、部分弘扬、部分发展	
		难以转化、难以弘扬、难以发展	

说明：基因特点评价是对解码出来的基因，根据本《导则》表2的要求，围绕"四个力"逐一对表打"√"，进行定性表述

（一）生命力评价

苏渊雷先生一生坚守责任与勇于担当，其矢志不渝的革命精神、赤胆忠心的爱国热情、发愤忘忧的豁达心态、锲而不舍的学习精神成就了他"诗人、战士、学者"伟大的一生，也影响着一代代的青年学子，其革命事迹、爱国行动、治学态度在家乡广为流传，在新时代衍生出丰富的精神内涵与价值，具有强大的生命力。

（二）凝聚力评价

苍南县通过修建苏渊雷纪念馆，号召广大青年学子学习革命前辈的英勇事迹和治学精神，铭记历史、缅怀英烈，凝聚起广大苍南人的奋斗力量，推动着苍南社会文化的发展，为新时期苍南县的进一步发展凝聚了力量。

（三）影响力评价

苏渊雷先生一生在文、史、哲及佛学诸方面均有杰出建树，论著丰硕，精义纷呈，先后出版著作《玄奘》《读史举要》《佛教与中国传统文化》《中国思想文化论稿》《钵水斋文

史丛稿》等，并点校《五灯会元》，被誉为"文史哲兼擅，诗书画三绝"。由于他的杰出贡献，曾被选为中国孔子基金会理事、唐代文学会理事、中国韵文学会顾问、中华诗词学会顾问、上海市楹联学会会长、全国佛教协会常务理事、上海市佛教协会副会长，并获得国务院颁发的有突出贡献的专家荣誉称号，具有全国性的影响力和知名度。他一生著述等身，为后人留下了宝贵的精神财富。据不完全统计，已刊著作三十余种，论文百数十篇。曾被人尊称为"平阳三苏"（即苏步青、苏渊雷、苏昧朔）。苏渊雷曾数度出访日本、新加坡等国家和香港特区，进行学术文化交流，赢得海外学者的崇敬，素享国际声誉。他曾获国务院颁发的"有突出贡献专家"的荣誉称号，并被选为上海市有特色的艺术老人。

（四）发展力评价

苏渊雷先生身上所体现出的责任与担当和热忱的爱国精神对于中华民族的伟大复兴、中国梦的实现具有重大的推广价值；苏渊雷一生钻研学问，挚爱祖国文化，同时坚持批判与综合，致力于弘扬民族文化精神和吸取外来文化精华，这种治学态度具有永久的发展前景。

四、文化元素核心基因保存

（一）实物保存

苍南现有苏渊雷故居、苏渊雷纪念馆等代表性实物建筑。

（二）文献及相关研究

苏渊雷：《苏渊雷全集》，华东师范大学出版社，2008年。

苏渊雷主编：《对联辞典》，上海辞书出版社，2020年。

苏渊雷：《苏渊雷学术文集》，上海人民出版社，2012年。

苏渊雷：《钵水斋书翰选粹》，华东师范大学出版社，2018年。

苏渊雷：《佛教与中国传统文化》，湖南教育出版社，1988年。

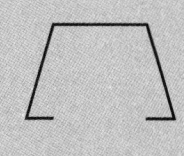

苍南渔鼓

玉苍之南　苍南文化基因

苍南渔鼓

苍南渔鼓表演

　　苍南渔鼓，又称"蓬鼓""嘭鼓""盘鼓"等，属道情类民间说唱艺术，均用闽南方言演唱，是一门地方性很强的传统说唱艺术。苍南渔鼓演唱内容通俗易懂，曲调古朴清丽，艺术感染力强；腔调既通顺又朗朗上口，节奏感强，极具当地特色。据传，渔鼓为明末清初闽人北移时进入浙南平阳、苍南部分区域，它进入浙南后，经与当地艺术形式相融合，加上自身发展演进的特殊性，逐步形成了自己的独特风格。

　　苍南渔鼓在表演形式上为单人说唱艺术，以唱为主，道白为辅,分"门头唱"和"堂唱"两种表现形式,两者既有共性又有差异。旧时渔鼓艺人大多为出身贫苦的农民或残疾人,社会地位低下,他们以走村串户的"门头唱"为主,唱的是小段词。较有名气的艺人一般都是做红白喜事、寿诞、还愿、庙神庆诞等时被聘去"堂唱","堂唱"唱连台本戏,内容主要取材于传统书籍和民间故事,具有相当精彩和完整的故事情节。

在20世纪70年代以前,苍南渔鼓始终是边远山区民众文化娱乐的重要形式,渔鼓艺人走村入巷,把人民群众对社会历史、人物角色、时尚时弊的喜爱好恶表现无遗,反映了苍南人民的精神生活。2007年,苍南渔鼓入选第二批浙江省非物质文化遗产保护名录,受到重点保护。

一、文化元素分解

（一）物质要素

1. 浙闽人口迁徙流动与文化交融

明末清初，闽南人三次大规模移居温州地区。随着人口的迁徙，民间说唱形式也随之而来。闽南俚歌从福建传入浙南后，受到当地自然地理环境、历史文化、风俗习惯的制约，并与中原地区传入的道情（包括其他形式的渔鼓）艺术糅合交融，而后逐步演变成新的曲艺形式——苍南渔鼓。

2. 形制和用材独特的表演器具

苍南渔鼓演唱者所使用的主要道具就是渔鼓，其制作材料为竹筒和猪脊。明人王圻的《三才图会》载："渔鼓，裁竹为第，长三四尺，以皮冒其首，皮用猪脊上之最薄者，用两指击之。又有简子，以竹为之，长二尺许，阔四五分，厚半之，其末俱略外反。歌时用二片合击之以和者也。"苍南渔鼓历经百年，仍基本保留渔鼓的原始制作方法，为了避免单一乐器的局限，同时也为了能解放表演者的手以便于用来展示肢体语言，苍南渔鼓还以竹拍作为配套器材，同时也能起到烘托气氛的作用。

（二）精神要素

"深入人心、喜闻乐见"的创作理念

传统的苍南渔鼓多以传奇故事、演义话本、民间传说等百姓感兴趣的题材为内容，演绎出丰富的演唱曲目，反映出民众的精神生活需求。据不完全统计，有书面或者音像记载的曲目就多达近两百种。目前的渔鼓曲目还能结合现代生活，内容延展到社会话题、时政新闻等，也有一些主管机构利用渔鼓形式宣传主旋律的，比如宣传戒毒、扫黄等工作，颇有效果。可见，渔鼓的表演形式深入民心，为民众所喜闻乐见。

（三）制度要素

1. 精湛的表演技艺

苍南渔鼓音乐节拍自由多变，一首曲子常出现多种不同的节拍。艺人在表演时，需运用声音的高低、语速的缓疾变化，惟妙惟肖描摹各种人物的音容笑貌，表达酸甜苦辣、喜怒哀乐等情感，还需同时运用渔鼓的击、滚、抹、弹等不同演奏指法，对曲调进行轻重缓急的变化处理，从而营造出跌宕多变的氛围，使听众身临其境，增强情境感染力。

2. 特定的曲调表演程式

苍南渔鼓调式结构基本为五声调式，间或加清角，以宫调式和徵调式为主，偶有商调式。旋律淳朴悠扬，常以一个基础曲调反复吟唱，叠句多次出现。其中口语化、朗诵式的曲调，大都顺着闽南方言音调的变化而自然变化，行云流水、通顺流畅。唱词基本为七字句，但押韵不严格，有时为了表达某种特定的情调和氛围，也间以五字句或十字句。七字句中又常以四三分逗形式分节演唱，由上起、下落两个乐句构成一段。

3. 风趣亲民的表演风格和特色

苍南渔鼓根植于普通百姓之中，源于生活，贴近百姓，所唱的故事均为群众喜闻乐见的题材和群众身边所发生的新鲜事，深受群众的欢迎。同时在表演创作中追求通俗性、大众性、趣味性以及简朴便捷，艺人通过说唱，加上丰富的面部表情和肢体表演，从而产生美妙的视听效果，男女同乐、老少皆宜，通过精湛的唱技表演，令人回味无穷、流连忘返。

（四）语言与象征符号

1. 一人多角的演绎形式

苍南渔鼓是单人说唱艺术，集演、说、唱、伴奏于一身，一人担当生、旦、净、末、丑所有角色。根据剧情需要，艺人可用声音、表情或形体动作，扮演各种人物，做到一人多角，具有角色进出的灵活性，既能演唱"门头词"，又能演唱长篇曲目。单人演绎形式简单易行，有助于艺人深入观众中间，进行深入互动，更有利于观众近距离全方位欣赏。

2. 生动风趣的语言唱词

苍南渔鼓用闽南方言演唱，既通顺又朗朗上口，地域色彩浓厚，符合当地人的语言习惯和欣赏品味。语言表达幽默风趣、朴实易懂，艺人所唱的故事均为群众喜闻乐见的题材和身边发生的新鲜事，唱词语言简洁、形象生动、诙谐幽默，颇有俚俗戏谑之乐趣。

二、文化元素核心基因提取

浙闽两地人口频繁的迁徙流动促使文化的传播与交融，苍南渔鼓独特的表演乐器及表演者创作的多元丰富的曲目；表现内容贴近民众、独具趣味，不断丰富，渗透于乡民生活之中；艺人的表演技艺、特定的表演程式；一人多角的演绎形式及生动风趣的语言唱词。

三、文化元素核心基因评价

苍南渔鼓文化基因评价依据

评价项目	评价因子	评价依据（特点）	是否
生命力评价	文化基因存续的时间	自出现起延续至今，未曾明显中断	√
		自出现起延续至今，但多次衰微、中断后复兴	
		曾明显衰败，改革开放后开始复兴或历史溯源关键环节缺失，难以考证	
		文化形态主体已灭失，现存部分痕迹	
	文化基因的稳定性	在发展过程中保持相当稳定的状态	√
		在发展过程中存在明显的精神内涵、表现形式剧变	
凝聚力评价	文化基因的凝聚力及社会动员效果	曾广泛凝聚区域群体的力量，显著推动过社会经济文化的发展	
		曾部分凝聚起区域群体力量，对社会经济文化的发展产生过影响	
		凝聚过力量，创造过实际的发展动能，但未见对社会经济文化发展产生显著改变	√
		仅在历史文献或口耳相传中存在，未见实际介入社会经济发展	
影响力评价	辐射的范围	具有全国性、世界性的影响力	
		具有长三角区域、浙江省影响力	√
		具有市县、乡镇影响力	
	提炼的高度	已经被古代文人士大夫和当代学者提炼为精神符号和理念理论	
		单纯的样式、造型、工艺技术规范	

续表

评价项目	评价因子	评价依据（特点）	是否
发展力评价	与当代精神追求和价值观念的契合	传统文化基因得到创造性转化、创新性发展；区域革命文化基因被完整继承、广泛弘扬；区域社会主义先进文化基因成为与浙江"三个地"相适应的文化高地	
		部分转化、部分弘扬、部分发展	√
		难以转化、难以弘扬、难以发展	
说明：基因特点评价是对解码出来的基因，根据本《导则》表2的要求，围绕"四个力"逐一对表打"√"，进行定性表述			

（一）生命力评价

渔鼓自明末清初从福建传入浙南，与苍南的地理环境、历史文化、风俗习惯及中原地区的道情艺术糅合交融，而后演变成新的曲艺形式，始终保持着强大的生命力与地方特色；表演曲目内容不断丰富，具有强大的艺术生命活力，丰富着地方民众的精神生活。随着娱乐方式的多元化，苍南渔鼓的生存空间虽逐渐减缩，但仍不断谋求与时代相契合。目前渔鼓的曲目也有表现现代生活的，延展到社会话题、时政新闻等，也有一些主管机构利用渔鼓形式宣传主旋律的，比如宣传戒毒、扫黄工作等。

（二）凝聚力评价

苍南渔鼓植根于当地的民俗、礼仪和娱乐活动，特殊的方言语言、腔调，独特的艺术表现形式与感情表达方式，能促使地方民众产生群体文化身份的认同感。渔鼓艺人走村入巷，将人民群众对社会历史、人物角色、时尚时弊的喜爱好恶表现无遗。苍南渔鼓在20世纪70年代以前，始终是边远山区民众文化娱乐的重要方式，能有效吸引村落民众聚集在一起，极大地凝聚着地方社会力量，使地方社会和村落保持着强大的凝聚力与向心力。

（三）影响力评价

苍南渔鼓作为一种独特的艺术表现形式在浙南民间流传数百年，20世纪70年代之前，听渔鼓一直是苍南人民文化娱乐的一项主要内容。苍南渔鼓于2007年被列入第二批浙江省非物质文化遗产保护名录，其中保留的古代闽南方言词汇及艺人即兴编演的"唱新闻"节目，具有重大的社会历史文化研究价值，苍南渔鼓的深厚文化内涵赢得了众多专家学者的青睐。现今，苍南渔鼓不断拓展文化发展空间，一些非遗传承人和有关专家到学校及图书馆开展相关传承活动，并通过网络媒体广泛开展宣传，发挥审美和教育功能，扩大了影响力。

（四）发展力评价

苍南渔鼓唱腔优美，语言生动形象而充满俚俗之趣，演唱的曲目内容忠奸善恶分明，具有较高的审美和教育功能。在大力发展精神文明建设的新时期，通过将苍南渔鼓的文化元素融入苍南地方文化建设之中，融入学校教育与民众休闲娱乐之中，不断进行曲目创新，紧密结合时代特征，可以持久焕发苍南渔鼓的生命力。

四、文化元素核心基因保存

苍南现有苍南渔鼓文化基因的多位传承人及相关的证据材料。其中代表性传承人有吴明月。

（一）实物保存
鼓、拍。

（二）文献及相关研究
赵雷：《民间原生态说唱音乐——苍南渔鼓》，《中国音乐》2010年01期。

周敏捷：《试论苍南渔鼓及其传承》，上海音乐学院硕士学位论文，2014年。

谢丽文：《苍南渔鼓乐在大学校园中的研究与推广》，《教育评论》2009年02期。

（三）影像资料
《苍南渔鼓——薛刚反唐》。
《苍南渔鼓——薛仁贵征东》。
《苍南渔鼓——说呼全传》。
《苍南渔鼓——五虎平西》。
《苍南渔鼓——万花楼》。

矾山肉燕

玉苍之南　苍南文化基因

矾山肉燕

矾山肉燕

矾山肉燕是苍南县矾山镇地方特色小吃。矾山镇地处浙南闽北交界，是一个有着六百多年明矾开采历史的古老矿镇，"肉燕"原产自福建浦城，后传到苍南县矾山。经过几代矾山人在配料选用、制作工艺、菜品设计上的改良，逐渐打上了矾山风味的印记，成为苍南著名的地方特色小吃之一。

矾山肉燕是"以肉做皮、以肉为馅"，肉燕皮是用猪肉加淀粉经过敲打而做成，再包进猪肉肉馅，圆头散尾，形似飞燕，故名"肉燕"。衡量肉燕是否正宗，燕皮是决定性的因素。上好的燕皮，猪肉必选后腿的精肉，配以上好的番薯粉，肉粉配比恰到好处，再通过手工打制而成。肉燕制作工艺的核心就在于一个"打"字，因此，矾山人把做肉燕形象地称为"打肉燕"。打好的燕皮薄如白纸，其色似玉，口感软嫩，韧而有劲，散发出肉香，非常爽口。而肉燕馅则是将猪五花肉剁成泥，加葱花和适量骨汤、味精、黄酒或精盐等辅料和调味品调制而成，鲜香美味。

矾山肉燕历史悠久，名闻一方，是矾山矿工生活和浙闽饮食文化交融的产物，见证了矾山矿业文化，承载了矾山矿工的生活和矾山的历史变迁。现今，矾山肉燕已被列入温州市非物质文化遗产名录。

一、文化元素分解

（一）物质要素

1. 优越的地理位置

矾山镇濒临东海，地处浙闽交界，与福建省的前岐、沙埕相近，饮食风俗以海鲜为主，深受福建饮食习惯影响。原流传于福建浦城、福州两地的"肉燕"从福建浦城山区流传开来，传入地处浙闽交界处的矾山镇，经过几代矾山人在配料选用、制作工艺、菜品设计上的改良和风味改进，逐渐打上了矾山人的印记。

2. 特定的社会文化背景

矾山镇以矾矿开采而闻名，人群因矿而聚集，矾山镇被称为"世界矾都"。因为明矾开采和炼制的需要，镇上大部分家庭从事矾矿开采相关工作，作为农耕时代少有的以工业为主的乡镇，历史上经济相对发达，人们工作辛苦但生活条件相对富足。采矿工作强度大，生命随时有可能会失去，这种特定的工作性质，很大程度上影响了他们的生活习惯和对肉制食品的喜好。福德湾村是采矿人的生活场所，是历代矿工的集居地，矾山肉燕就生于此。

（二）精神要素

1. 民以食为天的观念

民以食为天，可以说是中国饮食文化观念中最基本、最重要的核心。老百姓把食物作为生存的根本。近700年的开矿炼矾史，深刻改变了矾山农耕社会的许多特征，矾山人的生活作息更有规律，休闲时间和自由度大大增加，务工的矾山人基本有"散旷"（领工资），更促进和提升了矾山人对于食品的要求。于是，矾山的美食逐渐得到了更好的发展。他们在猪肉、牛肉、鱼肉上大做文章，创造了各种小吃，单单肉丸就有几十种，在各种各样的节庆上都会吃"排场"。对于矾山人而言，"肉燕"不论日常饮食还是节庆聚会都是不可缺少的一道美食。

2. "食不厌精，脍不厌细"，对美食精细程度的追求精神

肉燕皮是用精肉配上淀粉等辅料精制而成的，形似纸状，洁白光滑细腻，散发着淡淡的肉香。它的制作方法并不是非常复杂，但是用料和制作还是非常讲究的，颇费心思和工夫。首先制作肉燕皮要选择新鲜且没有注水的猪后腿肉50千克，剔净筋膜和碎骨，将猪肉分成重约800克的大块。其次，将切好的肉块放在砧板上，用实心粗木锤反复捶打。捶打时用力要均匀，肉要边捶打边反复翻转，且捶打过程中还要剔除细小的筋膜，直至将肉块捶打成肉泥，越细腻越好，然后加入熬好、放凉的米糊250克，继续捶打至肉泥有黏性，再分批次加入混合好的红薯淀粉（红薯淀粉50千克和植物灰碱500克混合均匀。植物灰碱可以用食用碱来代替，主要能起到增加弹性的作用）。每撒入一层红薯淀粉便覆盖一层肉泥，反复操作即可。当所有的红薯淀粉都加入后，肉泥就变成了一个肉和淀粉制成的团，好像面团一般。然后像擀面皮一样将其擀成厚0.1厘米的大薄皮。这叫"鲜燕"，即鲜燕皮。如果需要干燕皮，可以将整个面皮用长的擀面杖挑起，挂在阴凉通风处自然风干，然后切成跟馄饨皮一样的片即可。单单一个燕皮的打制，就费时费力。包肉燕也有许多讲究，而肉燕的形状也要求有美感，这些都体现人们对美食极致的追求精神。

（三）制度要素

1. 精细复杂的制作工序

肉燕制作包括燕皮制作和肉燕馅

料调制两部分。肉燕美味与否，燕皮是关键。上好的燕皮，猪肉必选后腿精肉，配以上好的番薯粉，肉粉配比恰到好处，通过精细复杂的工序，手工打制而成，如前文所述。肉燕皮要求薄如白纸，洁白光滑，口感软嫩，韧而有劲，散发出肉香，非常爽口。肉燕馅料是将猪五花肉剁成泥，加葱花和适量骨汤、味精、黄酒或精盐等辅料和调味品，用筷子拌匀做成馅。包法是在每张干肉燕皮一角放上馅，用筷子卷起至将近对角线位置，再将对角线上的两个角捏紧，包好后的肉燕形似金元宝。一个小小的肉燕，饱含着对美食的种种要求和心思注入。

2. 便捷美味的食用方法

矾山肉燕的烹饪食用极为简便，且容易操作。可以将制好的肉燕摆在笼屉中用旺火蒸5分钟取出，加入沸水锅中，用旺火煮沸，捞起放在汤碗里，撒上香菜末。也可以把骨汤下锅烧沸，加入适量虾油（或精盐）、绍酒、味精搅匀，倒在肉燕上，随后洒上麻油即成。矾山肉燕皮薄馅大，用葱头爆香拌肉馅所包出来的肉燕，香气四溢，让人垂涎三尺。

（四）语言与象征符号

1. 食物的独特审美形制

矾山肉燕不仅给人口腹之怡，又能赋予人审美的情趣。打制好的燕皮薄如白纸，洁白光滑，将调制而成的馅料放置其中，用筷子卷起至将近对角线位置，再将对角线上的两个角捏紧，制好的肉燕圆头散尾形似飞燕。一粒小小的肉燕，不但口感、营养俱佳，令人回味，而且在形制上还能给人以视觉上的享受，加上它美妙的命名，食用时，粒粒漂在清澈的热汤中，引人遐思和联想，体现出深厚的饮食文化意味。

2. 充满想象力的生动命名

"肉燕"的命名兼顾了这种美食的用料和形态。肉燕的制作材料基本上都是猪肉，但是经过多重工序的精巧加工和制作，呈现出形似飞燕的外形，这一命名不仅能直接彰显食材，通俗生动，富有想象力，易产生吸引力，又能寄予美好寓意，体现了民众的情感和审美。

二、文化元素核心基因提取

浙闽两地饮食文化的交融及矾山人特定的工作性质，促使肉燕在矾山镇落地生根，逐渐打上了矾山风味的印记；"民以食为天"的饮食文化观念和对美食的极致追求精神；矾山肉燕精细复杂的制作工序及便捷美味的食用方法，形似飞燕的独特审美形制和命名。

三、文化元素核心基因评价

矶山肉燕文化基因评价依据

评价项目	评价因子	评价依据（特点）	是否
生命力评价	文化基因存续的时间	自出现起延续至今，未曾明显中断	√
		自出现起延续至今，但多次衰微、中断后复兴	
		曾明显衰败，改革开放后开始复兴或历史溯源关键环节缺失，难以考证	
		文化形态主体已灭失，现存部分痕迹	
	文化基因的稳定性	在发展过程中保持相当稳定的状态	√
		在发展过程中存在明显的精神内涵、表现形式剧变	
凝聚力评价	文化基因的凝聚力及社会动员效果	曾广泛凝聚区域群体的力量，显著推动过社会经济文化的发展	√
		曾部分凝聚起区域群体力量，对社会经济文化的发展产生过影响	
		凝聚过力量，创造过实际的发展动能，但未见对社会经济文化发展产生显著改变	
		仅在历史文献或口耳相传中存在，未见实际介入社会经济发展	
影响力评价	辐射的范围	具有全国性、世界性的影响力	
		具有长三角区域、浙江省影响力	√
		具有市县、乡镇影响力	
	提炼的高度	已经被古代文人士大夫和当代学者提炼为精神符号和理念理论	
		单纯的样式、造型、工艺技术规范	

续表

评价项目	评价因子	评价依据（特点）	是否
发展力评价	与当代精神追求和价值观念的契合	传统文化基因得到创造性转化、创新性发展；区域革命文化基因被完整继承、广泛弘扬；区域社会主义先进文化基因成为与浙江"三个地"相适应的文化高地	√
		部分转化、部分弘扬、部分发展	
		难以转化、难以弘扬、难以发展	

说明：基因特点评价是对解码出来的基因，根据本《导则》表2的要求，围绕"四个力"逐一对表打"√"，进行定性表述。

（一）生命力评价

肉燕创制于福建浦城地区，在浦城、福州两地相传仿制，后流传至浙闽交界处——矾山镇，经过几代矾山人在配料选用、制作工艺、菜品设计上的改良，逐渐打上矾山风味的印记，成为矾山镇特色小吃，渗透进矾山人的日常生活之中，同时见证了矾山矿业文化、矾山矿工生活和矾山镇的社会历史文化变迁。20世纪90年代以后，矾矿开采和炼制业陷入衰败，矾山镇走上了转型发展之路，但矾山肉燕的做法持续传承，知名度不断提高，越来越多的矾山人加入到肉燕生产和加工中，销路不断扩大，经济效益连年提高，使矾山肉燕走出苍南，被更多人所熟知，保持着持久的生命力。

（二）凝聚力评价

食物是情感的载体，是人与地方之间的桥梁和纽带。矾山肉燕之于矾山而言是一辈辈矾山矿工生活的日常，燕皮的嚼劲，肉馅的入味，酸辣汤的刺激，骨汤的润清，日日慰藉着辛苦从事矾矿开采的矾山人，凝聚着矾山矿业发展的力量。随着20世纪90年代矾山镇产业发展的转型，肉燕加工和销售业成为矾山镇转型的助推力量,矾山镇将肉燕加工作坊引入集中的产业园,规范生产,引导产业健康发展,带动数千村民致富,矾山肉燕再一次凝聚起广大矾山人,使这座古老的矿镇焕发出新的生机。

(三)影响力评价

肉燕是矾山地方特色小吃的代表,因物美价廉而广受民众喜爱,是矾山矿工生活和浙闽饮食文化交融的产物,是明矾文化的衍生品,也是"世界矾都"文化的重要组成部分。经过前人多年的研究改良,肉燕现在不仅是闻名遐迩的苍南地方特色美食,它的制作技艺更是被列入市级非物质文化遗产名录,成为浙江十大农家特色小吃和中国名小吃。在苍南和矾山全域旅游发展引导下,地方扶持肉燕产业发展,开办肉燕加工制作、体验产业园,景区和镇区内也到处可见不同品牌的肉燕店,来矾山旅游吃碗肉燕成了游人标配。近年来,矾山肉燕日渐走出矾山,走出苍南,被越来越多人品尝和喜爱。

(四)发展力评价

将矾山肉燕作为一种重要的特色食品与旅游资源融合加以开发利用,对于推动本地经济发展能起到重要作用。苍南在打响"世界矾都"名气的同时,可以把肉燕作为矾山矿工生活和浙饮食文化交融的产物、明矾文化的衍生品,加以宣传。通过打造"特色食品旅游城",举办特色食品旅游文化节,把本地特色美食、小吃、土特产作为一种重要的旅游文化资源加以开发利用,使旅游资源与传统特色食品互相交融促进,以提高矾山旅游业和特色食品业的整体竞争力。矾山肉燕产业会具有更加广阔的发展前景。

四、文化元素核心基因保存

苍南现有苍南矾山肉燕文化基因多位代表性传承人及相关的证据材料，其中代表性传承人有朱师勤、朱敬亿。

（一）实物保存
新鲜猪后腿精肉、番薯粉、糯米糊、植物碱、葱、砧板、木锤、碗筷、刀等。

（二）文献与相关研究
杨道敏：《苍南美食》，团结出版社，2018年。

（三）影像资料
《世代传承美味——矾山肉燕》，浙江电视台经济生活频道《经视新闻》栏目组摄制。

《一碗肉燕解乡愁，看苍南矾山小吃如何激活一座"矿山"》，浙江新闻摄制。

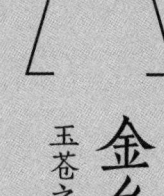

金乡徽章制作

玉苍之南　苍南文化基因

金乡徽章制作

金乡镇现为国内有名的徽章生产基地，现有徽章生产企业20余家，2020年产值超3亿元，其中金乡徽章厂有限公司为国内徽章行业龙头企业。金乡古为沿海抗倭卫所，20世纪80年代初，金乡在改革开放中凭借铝质徽标、硬塑料片、塑料红膜和涤纶商标"四小商品"风靡华夏大地，成为"温州模式"的重要发祥地之一。金乡徽章即位居"四小商品"之首，无数家庭投身于徽章创制中，经过几十年的发展，金乡现在已经成为驰名中外的徽章生产重镇。

金乡徽章厂由退伍军人陈加枢于1983年创办，是当今国内外徽章产业中工艺类别最齐、生产能力最强、享誉国际的民营企业。金乡徽章厂凭借良好的企业声誉、先进的科技力量和精湛的工艺技术为国家直属机关、政府部门及重大活动生产制作过一系列具有重大意义、影响深远的徽章标示产品，还是党徽定点生产企业。同时，金乡徽章厂还放眼国际市场，先后成功地为联合国维和部队、英国、美国、俄罗斯、日本、沙特等56个国家军警生产制作了近二百个品种的各式徽章服饰，为世界杯足球赛、亚运会制作了无数的纪念章，真正把生意做到联合国，将"徽章联合国""徽章大王"等荣誉加冕在身。

风云变幻数十载，金乡徽章业在激烈的市场竞争中，一心一意做好主业,始终保持战略定力,现在以金乡徽章厂为代表,金乡共有大大小小三百多家徽章企业。在不久的未来,金乡镇还将建设规模大、工艺精、配套齐全、产业链完备的徽章工业园区,计划将它打造成为全球知名的徽章设计制造销售工业园。未来,在国际上,金乡徽章作为"中国创造"的代名词将更加名副其实和更具分量。

一、文化元素分解

（一）物质要素

1.资源贫乏的生存环境

温州境内多山地少平原，同时濒临东海，素有"八山一水一分田"之说。在农业社会，温州因土地资源贫瘠和频繁的台风侵袭，百姓经常为衣食所困，生存环境恶劣，人地矛盾尖锐。为求生存，温州历来便有经商传统，南宋以来，便有大批温州人踏上经商之路。金乡原为金乡卫，为明初朱元璋所设沿海抗倭卫所之一，经清初废卫改镇，金乡开始发展商业，涌现出殷大同蜡烛、同春酱园等知名品牌。但清末民国时期局势动荡，商业发展一度难以为继。1949年后，金乡的工商业虽然得到一定程度的恢复和发展，但人均耕地仅有一分多的金乡在经济上还是比较贫困与落后，勤劳的金乡人，做了种种发展经济的尝试，走南闯北，谋求开拓。

2.一流的工业技术设备

工欲善其事，必先利其器。金乡徽章厂在创立之初，即引进先进的机械设备，依靠技术进步打造优良品质。目前，金乡徽章厂拥有电脑设计、全电脑精雕制模、冲压、压铸、滴塑、烤漆、仿珐琅、滴塑、点焊、抛光、氧化、电镀、罩光、组装、包装等技术设备组成的一条龙生产线，是当今世界上其他同行所无法拥有的独特优势，徽章设计、生产、销售的整条产业链都掌握在自己手里。同时在整个镇拥有产业集群优势，且经验丰富，这是金乡徽章业的明显优势。

（二）精神要素

1. 敢为天下先的创业精神

1986年9月，建厂不到两年时间的金乡徽章厂，为了进一步打开市场，决定在国际都市上海召开产品观摩会，公开摆设"擂台"，与全国同行"比质量、比价格、比信誉、比速度"。比质量，即按订货要求先送实样审定，不满意不生产；比价格，即价格比全国名牌大厂都低；比信誉，就是货到验收合格后再付款，批量不拘大小，名牌厂不屑承接的业务，他们也接；比速度，即客户急需，立等可取。金乡徽章厂内虽然只有一百五十位工人，但整个金乡镇上的其他徽章厂都是他们的后备车间。上海"摆擂台"之行成为金乡徽章厂发展的重要转折，当年温州马云博副市长还特地为金乡徽章厂题词：敢同大厂比高低，再向名牌争寸分。通过这次观摩会，金乡徽章在上海的名气打开了，并在上海设立了办事处。自此，上海的一些外贸出口单位和国外的客商都与金乡徽章厂建立了业务联系，金乡徽章厂企业规模、工艺开始向高档次迈进，不断用"小徽章"做出"大市场"。

2. 慷慨英勇的担当气概

自上海擂台一炮打响后，客商们纷纷登门订货，业务一度蒸蒸日上；可是好景不长，到了1987年底，由于工厂股东们的管理意见不统一，导致工厂管理不善，金乡徽章厂在日益剧烈的市场竞争中屡屡失败，厂里面临亏损。陈加枢及其他股东经过商量，决定以35万元转让徽章厂，但无人问津，最终，陈加枢个人决定接手徽章厂，并担当起厂里全部负债。经过艰苦的努力和改善经营管理，金乡徽章制作才有了后来的国际性声誉。

陈加枢与徽章产品

3. 精工善艺的卓越品质

金乡徽章厂自创立以来，就敢于与同行比质量，注重以高质量的产品优势赢得顾客信赖。陈加枢接手徽章厂后，便前往上海，高薪聘请两名精工于刻模、氧化的高级技师，到厂里辅导生产，传授技术，不但使得金乡徽章厂在业界站稳了脚跟，并在1988年转亏为盈。在此后的发展中，陈加枢带领徽章厂工人一步步攻难克坚。1990年，为获得第十一届亚运会纪念徽章的生产任务，陈加枢抽调厂里骨干力量组成试验小组，经过七昼夜努力，克服了抛光、鼓背等技术难关，试制出样品，最终金乡徽章厂的样品以质优价廉，尤其是丝网印刷技艺一流，同期超过了上海、北京等地的名牌徽章厂家，获得50万枚"第十一届亚运会开幕式纪念章"的生产任务。及至1994年，中国人民解放军总后军需装备研究所派出科研人员，专程来金乡徽章厂考察解放军换装所需徽章的生产能力，此后四年，陈加枢不计成本，连年投入研发换装徽章，因此，作为民营企业，金乡徽章厂顺利地承担了1997年部队换装徽章，1999年驻港部队、驻澳部队服饰，以及中国海关、最高人民法院、中国人民警察等一系列代表国家形象的多项徽章生产任务。2021年，金乡徽章厂承担220万套"光荣在党50年"纪念章的生产工作，金乡徽章厂投入了十几位研发人员确保产品质量。小小的纪念章，"工艺细微到肉眼看不见"，每一枚都要经过23道工序，陈加枢曾言："现在可以说，我们厂在工艺上，已把世界上各种徽章工艺都学完了。"多年来，精工善艺始终是金乡徽章厂的立足之基和开创、赢得市场的根本。在2021年9月，由金乡徽章厂有限公司为主制定的"品字标"团体标准《金属徽章》（T/ZZB 2532—2021）由浙江省品牌促进联合会批准发布，这也是国内首个徽章行业团体标准，它将有效弥补国内外同类标准的空白，对于引领国内外徽章产业规范、高质量发展将起到重要推动作用。可见，金乡徽章厂已经开始在引领行业的发展，这是不可思议的成就。

4. 开拓国际的宽广视野

金乡徽章厂凭借着工艺的不断改进创新，新技术的投入应用，使徽章异彩纷呈，赢得了国内市场的青睐。之后，陈加枢又将眼光投向国际市场，千方百计获取海外业务信息，努力开拓国际市场。一次偶然机会，陈加枢在上海结识了美国军需品业格林公司的董事长巴力·丁·斯坦先生，并邀请巴力先生来到金乡徽章上海办事处，现场向其展示了各种精美徽章，并详细介绍了金乡徽章厂的生产、管理等方面的情况，还热情邀请巴力先生亲临工厂参观。在巴力先生从数千里外来到金乡，并对金乡徽章厂进行两次突击性考察之后，金乡徽章厂以价格和技术优势获得美国陆、海、空三军军徽和警徽的所有生产任务。此后，金乡徽章厂还先后成功地为联合国维和部队，英国、美国、俄罗斯、日本、沙特等56个国家生产制作了近二百个品种的徽章服饰，承担了世界杯足球赛、亚运会等国际赛事的纪念章生产业务，可以说把生意做到了联合国。

（三）制度要素

1. 蓬勃兴起的家庭工厂制造业

自改革开放后，市场经济焕发活力，乡镇企业和家庭工业发展迅猛。1978年金乡镇人均收入仅39元，全镇16000人中有三千多人闲散待业。政策放开后，短短几年间，家庭工业蓬勃兴起，校徽、标牌、纪念章、小塑片等小商品生产遍及家家户户，到1986年底，全镇有2931户，即总户数的70%办起了家庭工厂，金乡徽章厂在金乡家庭工厂制造业的蓬勃发展下顺势而生。

2. 全面深化改革和创新的管理制度

自1988年陈加枢全面接收金乡徽章厂之后，他着手进行全面的深化改革，发展生产力，并制定了一系列的改革措施。具体包括：一是对原有的生产设备进行彻底改造，依靠技术进步把好质量关；二是实行每个工人抵押200至500元资金的制度，把风险浸透班组、个人，实现风险共担；三是对各车间实行由一人负责承包制，按件按质取酬，把原来固定工资制改变为计件工资制，调动工人的生产积极性；四是杜绝工人乱丢、乱拿徽章产品，纪律松散等现象，整顿厂风厂纪；五是关心工人家庭生活需求，利用无形的感情投资，联结起工人对企业的潜在贡献力量。经过一系列的改革，金乡徽章厂逐渐走出管理混乱的局面，不断开创出新局势。

（四）语言与象征符号要素

1. 用"艺术的手法讲徽章的故事"的设计和制作理念

金乡徽章在徽章创制中始终强调"把产品提升到艺术层面"，用艺术的手法讲述徽章的故事，使徽章产品兼具实用性与艺术性。多年来，陈加枢带着他的研发设计制造团队，与时俱进、文化赋能，努力不懈，使他们生产的无数徽章成了承载着许许多多内容或故事的有意义、有追求、有价值的文化创意产品和纪念品，甚至是收藏品、奢侈品。从生活中常见的校徽，到不常见的军徽、党徽、特定服饰标识、纪念章、纪念币、纪念品等品类，都具有独特的审美艺术样式，是名副其实的实用性与艺术性完美结合的工艺品。

2. 以"光荣在党50年"为代表的典范作品

多年来，金乡徽章厂制作了无数实用性与艺术性兼具的优秀产品，其中在国内广为人知和赞誉有加的当属"光荣之家"的光荣牌和"光荣在党50年"产品。它们不但拥有优质的做工和用材，还有独特的图案和象征寓意，它们一出现就像烙在了人们的心上，已经在中国人的生活中成为不折不扣的象征符号。"光荣之家"的光荣牌为钛金材质，底色为金黄色、沙底镀金。"光荣之家"字样为红色套亮金边，左下角配亮金色长城图案，整体做工精致细腻。光荣牌是为烈士遗属、因公牺牲军人遗属、病故军人遗属家庭和中国人民解放军现役军人家庭、退役军人家庭悬挂而设计的，用材和设计都非常讲究。金乡徽章厂在2021年还生产了"光荣在党50年"的纪念章。其中主章由党徽、五角星、旗帜、丰碑、向日葵、光荣花、光芒等元素构成，其中党徽象征党的领导核心地位和党员信念坚定、对党忠诚，丰碑寓意党的光辉历程和丰功伟绩，向日葵寓意全党全国各族人民紧密团结在党中央周围，光芒象征党的光辉照耀，五角星代表薪火相传，光荣花

"光荣在党50年"徽章

寓意繁荣盛世、国泰民安和褒奖荣耀，旗帜象征共产主义崇高理想与事业永续。副章由山河、中国结和红飘带等元素组成，飘带上雕有"光荣在党50年"字样，寓意党员不忘初心、牢记使命，勇攀高峰、永葆青春。整个徽章寓意深远，布局合理，做工细致精美，堪称徽章制作的典范。

二、文化元素核心基因提取

改革开放以来金乡镇家庭工业制造业的蓬勃兴起开创了独特的金乡商业模式，创出了温州人"敢为天下先"的局面；勇于担当和敢于进行制度创新，坚持不懈地追求品质卓越的徽章制作；大量兼具实用性与艺术美的徽章制作典范性作品，成为行业标准的制定者。

三、文化元素核心基因评价

金乡徽章制作文化基因评价依据

评价项目	评价因子	评价依据（特点）	是否
生命力评价	文化基因存续的时间	自出现起延续至今，未曾明显中断	√
		自出现起延续至今，但多次衰微、中断后复兴	
		曾明显衰败，改革开放后开始复兴或历史溯源关键环节缺失，难以考证	
		文化形态主体已灭失，现存部分痕迹	
	文化基因的稳定性	在发展过程中保持相当稳定的状态	√
		在发展过程中存在明显的精神内涵、表现形式剧变	
凝聚力评价	文化基因的凝聚力及社会动员效果	曾广泛凝聚区域群体的力量，显著推动过社会经济文化的发展	√
		曾部分凝聚起区域群体力量，对社会经济文化的发展产生过影响	
		凝聚过力量，创造过实际的发展动能，但未见对社会经济文化发展产生显著改变	
		仅在历史文献或口耳相传中存在，未见实际介入社会经济发展	
影响力评价	辐射的范围	具有全国性、世界性的影响力	√
		具有长三角区域、浙江省影响力	
		具有市县、乡镇影响力	
	提炼的高度	已经被古代文人士大夫和当代学者提炼为精神符号和理念理论	
		单纯的样式、造型、工艺技术规范	√

续表

评价项目	评价因子	评价依据（特点）	是否
发展力评价	与当代精神追求和价值观念的契合	传统文化基因得到创造性转化、创新性发展；区域革命文化基因被完整继承、广泛弘扬；区域社会主义先进文化基因成为与浙江"三个地"相适应的文化高地	√
		部分转化、部分弘扬、部分发展	
		难以转化、难以弘扬、难以发展	
说明：基因特点评价是对解码出来的基因，根据本《导则》表2的要求，围绕"四个力"逐一对表打"√"，进行定性表述			

（一）生命力评价

金乡徽章起源于20世纪80年代初改革开放的浪潮之中，历经四十载的激荡变化，金乡徽章始终以质量为本，不断攻坚克难，与时俱进，精益求精，推动技术升级、功能拓展、文化赋能，金乡商人将一枚枚小小的金乡徽章从一方天地发展为国际行业知名的徽章品牌，彰显了金乡徽章强大的生命力。

（二）凝聚力评价

金乡徽章发展的背后凝聚了整个金乡人民拼搏奋斗的力量，正如陈加枢所言：金乡徽章厂虽然只有数百位工人，但整个金乡镇都是他们的后备车间，是金乡人哺育了金乡徽章的长久发展。同时，金乡徽章显著推动着地方经济社会的发展，并持续发挥着作用，金乡徽章人的拼搏精神、工匠精神将长久的延续下去，承接开来，凝聚金乡力量，打造百年徽章厂，让世界为金乡徽章喝彩。

（三）影响力评价

多年来，金乡徽章厂人不断钻研，把三十多年积累的专业经验与当今世界最新的工艺品潮流、风格融为一体，新产品层出不穷，在国内外市场产生重要影响，产品远销亚洲、欧洲及北美洲，深受客户欢迎。金乡徽章厂凭借良好的企业声誉、先进的科技力量和精湛的工艺技术，为多个企业及重大活动制作过各种徽章标识产品。如：1990年亚运会开幕式纪念章、东亚运动会纪念章及奖章纪念品，1994年美国世界杯足球赛纪念章，2002年韩日世界足球赛纪念章，迪士尼纪念徽章等。并在1991年以来先后成功地为联合国维和部队以及美国、英国、俄罗斯、日本、新加坡、印尼、沙特、阿根廷、几内亚、马来西亚等30多个国家军警界生产制作了200多个品种的各式徽章、军警服标识，以及"光荣在党50年"徽章制造，杭州2022年亚运会徽章及其延伸产品创制。金乡徽章厂受到中央电视台、省市县电视台、新华通讯社以及《人民日报》《报刊文摘》《新民晚报》《青年文摘》《半月谈》《浙江日报》《解放军报》《解放军画报》《钱江晚报》《温州日报》《温州晚报》《温州都市报》《美国纽约时报》《香港星岛报》《大公报》《香港商报》《香港一周刊》等的竞相报道，董事长陈加枢被赞誉为"中国徽章大王"。

（四）发展力评价

目前，金乡徽章正在谋求金乡徽章工业园建造的蓝图，通过规模大、工艺精、配套齐全、产业链完备的徽章工业园区，力求打破发展桎梏，释放各企业优势，有效解决资源能耗等难题，实现抱团发展。未来，金乡徽章将建成在工艺、质量、管理、效益、规模上均创国际一流水准的徽章工业园区，开拓更大的国内外市场，谋求更为长远的发展。

四、文化元素核心基因保存

（一）实物保存

金乡目前有以金乡徽章厂为代表的三百多家徽章企业及其生产的无数徽章产品。

（二）影像资料

《金乡徽章宣传片》。

《陈加枢：让世界为金乡徽章喝彩》。

《光荣！2022年杭州亚运会徽章苍南金乡制造》。

"浙江文化基因丛书"后记

浙江濒海多山，古为百越之地，地少民贫。先民断发文身，披荆斩棘，筚路蓝缕，艰苦创业，卧薪尝胆，徐图自强，始稍为中原所识。山海情怀，越地长歌，独特的地理人文环境孕育出浙江艰苦奋斗、励精图治、百折不挠、勇攀高峰的地域文化性格和兼容并包、发展创新的人文精神。因以鸟虫篆、《越人歌》为表征的楚越文化交融和徐偃王流亡越地、勾践北上争霸等历史事件的发生，越地逐渐融入中原文明。及至东晋衣冠南渡，中原贤良缙绅避乱会稽，兰亭雅集、永嘉诗会，王谢风流所及，中原文化和越文化相互碰撞融合，这片神奇的土地在吸收大量中原先进文化基础上，生出更多独具特色、丰富璀璨的文化颗粒，散点分布于浙江的山山水水之间。

隋唐以降，一条大运河通到钱塘，凡所流经之县域，皆成人文渊薮。浙东唐诗之路，如明珠嵌璧；越窑青瓷，千峰翠色风靡长安。浙江依托这条水上"高速公路"迅速崛起，在经济高效快速地融于全国的同时，也向全国展现了别样精彩的浙江文化，对中原产生巨大影响。唐末五代中原战乱之际，吴越国钱王保境安民，举世惶惶而越地独安，浙江又一次成为全国士子避祸传学之地，浙江的原生文化和中原文化水乳交融，极大地提高了浙江的人文学术水平。及至南宋定都临安（今浙江杭州），孔裔迁衢，杭州乃至浙江逐渐成为中华文化传承发展中心、全国的文化学术高地。有元一代，人文日渐凋敝，而浙江独领风骚。湖州赵孟𫖯成为有元一代赓续中华文脉之砥柱。赫赫有名的"元四家"，黄公望（常熟人，曾隐居富春）、王蒙（湖州人，曾隐居临平）、吴镇（嘉兴人，曾卖卜钱塘）、倪瓒（无锡人，曾浪迹太湖）在学习传承赵孟𫖯的文化艺术精髓基础上，各显其能，自成面目，为传承发展中华文化艺术作出了卓越贡献。明清以来，浙江士林，更为全国翘楚，文化勃兴，领袖群伦。浙江文脉渊深，有容乃大，继承发展，才俊迭起。事功之学、阳明心学、浙东学派、南戏越剧、《古文观止》、丝瓷茶剑、西泠印社、兰亭雅集等，更是中华文化中耀眼的明珠。浙东音声，渐如潮涌；黄钟大吕，照灼云霞。

晚清时期，中华危亡。辛亥鼎革，浙江文化所孕育的优秀儿女更是为中华千古未有之变局作出了重要贡献，秋瑾、徐锡麟、蔡元培、章太炎、鲁迅等，允文允武，可歌可泣，数不胜数。为全面赶上世界发展，全省各地掀起了重视文教事业、培养人才、发展经济的高潮。各类藏书楼、图书馆、新式院校纷纷创设，浙江人又一次发扬卧薪尝胆、奋力赶超的浙江精神，使浙江成为当时全国省域文化发达、人才众多的省份。

新中国成立后，浙江人励精图治，无论干部还是群众，都本着务实精神，立足现状，踔厉前行。即便在"文革"时期，浙江的经济、文化发展水平都显著好于其他兄弟省市，这和浙江人文内核的务实精神和文化基因的原生动力息息相关。改革开放以来，浙江更是勇做弄潮儿，充分发挥"四千精神"，培养人才，发展经济，以全国陆域较少、自然资源缺乏的省份，一举成为名列前茅的文化大省、经济强省。

历数千年，浙江以落后的山林草野原生文化，不断与吴楚和中原文化交融互鉴，融合创新，发展壮大，绝非历史偶然。浙江以其独特的文化基因和历史面貌正引起国内外专家学者的广泛兴趣，以期通过对浙江文化的研究来更好地理解中华文明，为中华文明的伟大复兴寻径探源，通过解析全省多点、散点分布的各类文化颗粒和文化价值观、文化形态、文化载体，系统研究、条分缕析在地文化基因和独特的文化原动力。构建中国文化基因理念体系，挖掘文化遗产背后蕴含的哲学思想、人文精神、价值观念、道德规范，是一项新课题、新任务。浙江在推动高水平文旅融合、建设共同富裕示范区的进程中，以解码文化基因为切入点，为构建中国文化基因理念体系提供地方经验。

研究浙江文化基因，就是对披着传统文化外衣的各类庸俗低俗的迷信活动加以甄别，科学分析，正本清源。以挖掘、激活浙江的优秀文化基因为抓手，推进文旅深度融合；有机整合乡村文化礼堂、农家书屋、场馆院团、城市书房等城乡文化资源，丰富群众文化活动。拓展新型公共文化空间，持续推动优质文化资源直达基层。为人民群众创造一个良好的文化大环境，强化文化自觉和文化自信；为浙江文化高质量传承发展厘清路径，为新时代浙江发展优秀的社会主义先进文化打好基础。文化兴则国运兴，文化强则民族强。文化基因的研究以及激活应用是浙江建设文化强省的重要切入点，是民智之本、百年大计。

我们要深入学习贯彻党的二十大精神和习近平文化思想，全面挖掘和激活浙江文化基因，推动新时代中国特色社会主义文化建设。以高质量发展为目标、融合发展为重点，紧扣激活优秀文化基因、提供优秀文化产品这个中心，厚植浙江经济社会发展文化软实力。

2024年1月，全省宣传思想文化工作会议提出，要全面贯彻习近平文化思想。浙江作为文化大省，肩负起新时代文化使命，在优秀传统文化的传承发展领域开展了积极的探索。我们要不断学习贯彻习近平总书记关于中华优秀传统文化的重要论述和关于文明交流互鉴的重要论述，让文化基因的研究成果走入校园、走进课堂，成为鲜活的爱国主义教育载体、生动的"课程思政"教育实践、开放的当代青少年国际视野素养培育抓手。将浙江文化基因研究成果制作成微视频"浙江文化基因"课程（双语），通过教育信息技术实现从碎片到整体、从实地到课堂、从单一到系列的 MOOC/SPOC 转换，实现浙江文化基因在青少年群体中的代际传递，助力文化基因融入当代、植根青年，实践出一条富有浙江特色的文化传承发展新路径，为中国"培养社会主义建设者和接班人"这一宏伟目标服务。

若有所成皆非易，凝心聚力要躬行。各地课题组在当地乡土专家和各地高校文史专家的鼎力协助下，进深山到大海，调研足迹遍布海澨山陬。通过田野调查、走访座谈、查阅历史卷宗、参考海量文献，历时五年形成的研究成果，凝聚了全省各地众多专家学者和乡土文化耆老的心血，他们为浙江的文化事业作出了很大贡献。致敬他们文化溯源的热忱，学习他们极深研几的精神，真诚感谢他们无私奉献的情怀。由于篇幅有限，涉及面广，无法一一详列参与者，在此一并致谢！

吴　越

甲辰年秋于杭州